JN223772

あなたが
日々に発する言葉が
人生を変える!

脳科学が証明する
ルイーズ・ヘイのアファメーションの
驚くべき効果

Meditations to Heal Your Life
104のアファメーション　ルイーズ・ヘイ

1章・2章執筆　駒野 宏人

はじめに――ルイーズ・ヘイとの出会い

駒野　宏人

私が、ルイーズ・ヘイを知ったのは、１９９０年代中頃、カリフォルニアにあるスタンフォード大学へ留学中のときでした。その当時私は、蛋白切断酵素の研究に専念しながらも、スピリチュアルな世界にも興味を持ち始めていました。日々の研究で疲れて、ふと立ち寄った書店で彼女の本を手にして読んだ時、すべてを肯定する彼女の言葉に気持ちがとても癒されたのを覚えています。その後、彼女の本を何冊も読み漁りました。

その中の一つ「Meditations to Heal Your Life」の中にある彼女の言葉「私はありのままの自分を愛し受け入れます」という言葉に強く心惹かれました。私は帰国してからも、毎朝のヨガをする前に、彼女のテープを聴きながら本を読むことを習慣としました。彼女の癒しと愛のある言葉を聞いていると、英語の勉強になるばかりでなく、心が穏やかになり落ち着くのです。ルイーズ・ヘイは、私の人生に大きな影響を与えた一人なのです。

ルイーズ・ヘイの言葉は、単に知識からきた言葉ではありません。彼女は、壮絶な人生を乗り越え、その苦難の体験から自分自身だけでなく多くの人々を癒し愛することができる人物に変容していきました。彼女の言葉は、体験を通して体得した癒しと愛が言霊となって響いているのです。

彼女の人生は、本当に苦難の連続でした。彼女の人生を変えた大きな要因として、毎日肯定的な言葉をくり返すアファメーションがあります。アファメーションについては多くの本で紹介されていますが、本書では、その背景となる脳科学との関連性も述べています。アファメーションの効果を科学的な裏付けで、納得感をもって理解してほしいと思うからです。

車椅子テニス世界ランキング1位となった国枝慎吾さんは、大事な試合の前に必ず、大声で「オレは最強だ！」と叫んでいたそうです。そしてその言葉を、彼のテニスラケットに貼って戦っていたことは有名です。これは、「ピーク・パフォーマンス・スペシャリスト」と自称するアン・クインコーチの教えで、心理学者でもある彼女によると、大声で叫ぶことは自己暗示に有効な手法となり、あらゆるパフォーマンスの向上につながるのです。

脳科学的にも、この言葉は国枝さんの人生の歩みに多くの影響を及ぼしていると考えられます。くり返された肯定的な言葉は脳に刻まれ、人生に大きな影響を与え続けるのです。

最近は、日本でも格差社会が進み、経済的に恵まれない子供達が増えているようです。もちろんそのような社会を我々大人が公正なものに変えていく努力と行動は必要ですが、一方でたとえ恵まれているとは言えない子供時代をすごしたとしても、人生の苦難に直面したとき、自分自身への取り扱い方次第で、素晴らしい豊かな人生に変えられるということを、本書で伝えられたら幸いに思います。

目次

アファメーション目次

受容 Acceptance 50
依存 Addiction 52
アファメーション Affirmations 54
救い Aids 56
障壁 Barriers 58
美 Beauty 60
請求書 Bills 62
ビジネス Business 64
考え方を変える Changing Our Thinking 66
児童虐待 Child Abuse 68
子どもたち Children 70
選択 Choice 72
コミュニケーション Communication 74
コミュニティ Community 76
比べること Comparisons 78
コントロール Control 80
創造性 Creativity 82
批判 Criticism 84
死 Death 86
意思決定 Decision Making 88
幸せになる価値 Deserving 90
消化 Digestion 92
病気 Disease 94
何かをするということ Doing 96
神聖な導き Divine Guidance 98
夢 Dreams 100

老年期　Elder Years　102
エネルギー　Energy　104
豊かさのマインド　Enough for Everyone　106
視野を広げる　Expanding Horizons　108
期待　Expectations　110
恐れ　Fear　112
迷子　Feeling Lost　114
感情　Feelings　116
問題解決　Fixing It　118
食べ物　Food　120
許し　Forgiveness　122
選択の自由　Freedom to Choose　124
与えることと受け取ること　Giving and Receiving　126
目標　Goals　128
ゴシップ　Gossip　130
罪悪感　Guilt　132
頭痛　Headaches　134
癒し　Healing　136
最高の善　Highest Good　138
家　Home　140
家事　Housekeeping　142
飢え　Hunger　144
免疫系　Immune System　146
向上　Improvement　148
個性　Individuality　150
教訓　Lessons　152
喪失　Loss　154
愛　Love　156

人を操ること　Manipulation　158
瞑想　Meditation　160
お金の心配　Money Worries　162
哀悼　Mourning　164
新たな展望　New Outlooks　166
ニュース　News　168
栄養　Nutrition　170
老いる　Old Age　172
古い録音テープ　Old Tapes　174
秩序　Order　176
痛み　Pain　178
両親　Parents　180
忍耐　Patience　182
平和　Peace　184
完璧な秩序　Perfect Order　186
完璧　Perfection　188
地球を癒す　Planetary Healing　190
地球　Planet Earth　192
パワー　Power　194
偏見　Prejudice　196
目的　Purpose　198
拒絶　Rejection　200
人間関係　Relationships　202
習慣を捨てる　Releasing Habits　204
宗教　Religion　206
恨み　Resentment　208
責任　Responsibility　210
自己愛　Self-Love　212

自己対話　Self-Talk　214
セクシャリティ　Sexuality　216
霊的成長　Spiritual Growth　218
霊的法則　Spiritual Laws　220
潜在意識　Subconscious Mind　222
成功　Success　224
サポート　Support　226
手術　Surgery　228
恐怖　Terrors　230
他人事　Them　232
思考　Thoughts　234
時間　Time　236
過渡期　Transition　238
交通手段　Transportation　240
信頼　Trust　242
無条件の愛　Unconditional Love　244
理解　Understanding　246
唯一無二　Uniqueness　248
暴力　Violence　250
言葉　Words　252
自尊心　Worth　254
間違い　Wrong　256

第1章

ルイーズ・ヘイの人生

――不幸な境遇から愛の人生へ――

「親がもっと金持ちだったら」「親がもっと良い育て方をしてくれていれば」などと最初から諦めて「自分はついていない」と気を落として日々を送っている人は少なからずいるのではないでしょうか？　「親ガチャ」という言葉があります。「良い親のもとに生まれるといろいろと恵まれる」「親しだい」ということをさしているようです。しかし一方で、子供時代、不遇の育ちであっても輝きを放つ人生を歩む人もいます。

世の中を見回してみると、五体満足に生まれていなくても、学歴がなくても、人生を楽しみ、人々を勇気づけている人もいます。また人生のほとんどの時期を恵まれずに歩んでいても、晩年に輝く人もいます。逆に才能や境遇に恵まれて育っても、早くに亡くなる人、あるいは途中から不幸だと思う人生を歩んでしまう人もいます。いったい何が不幸だと思っていた人生を喜びのある人生、感謝の多い人生に変えるのでしょうか？

オーストラリア人のニック・ヴィチチという人は、手足がない状態で生まれました。少年期には、なぜ自分だけがこうなのかと悩み、自殺を考えたこともあるそうです。

しかし彼の両親は、彼を大事な存在として育てました。彼はそれにこたえるように、両親への感謝、両親を悲しませたくないという思いで、自殺を踏みとどまりました。今では彼は、さまざまなことにチャレンジし、人生を楽しみ、彼を理解するパートナーにも恵まれ結婚し子供もいます。いろいろな国で講演活動をとおして多くの人に生きる勇気を与えています。

大切なことは、彼の両親が彼に愛情をそそいだということです。もちろん困難を乗り越えて、親の愛情にこたえた彼も素晴らしい存在です。幼少の頃に愛を受けて育つと、心の底に自分は大切な存在だという心が育ち、人生の困難にあってもチャレンジし、積極的な人生を送れるようになります。では、親の愛をあまり受けずに育った場合はどうでしょうか？　この不遇を克服したのがこれからお話しするルイーズ・ヘイです。

ルイーズ・ヘイは、生後18か月で両親が離婚し、貧困のため孤児院ですごしました。母親が再婚した後に家に引きとられましたが、今度は再婚相手から日常的に虐待を受け、さらには隣人からも性被害を受けるなど辛い経験を重ねたのです。15歳で家出、16歳で妊娠、生んだ子は養子に出さざるをえませんでした。その後、シカゴ、ニューヨークへ移り、モデルの仕事を始め、ビジネスマンと結婚するも14年後の40代前半、突然夫からの離婚宣告を受けます。このような体験が重なると、自分自身を肯定する気持ち（自己肯定感）が低くなるのは当然のことです。

離婚した彼女は、今度こそ人生を変えたいと思います。そんな中、リリジャス・サイエンス教会というところに通い始めたことで、彼女の人生が変わり始めたのです。

リリジャス・サイエンスは、「思考の力」を重視し、肯定的な信念が、健康、幸福、成功を実現するという教えを核としています。彼女は自分のマイナス思考が幸せになれない原因かもしれないと考えるようになります。思考がいかに日々の出来事に影響を与えるのか自分をサンプルとして振り返り、何事に対してもマイナスではなくプラスに考えるようにしてみました。そこで手ごたえを得た彼女は、「思考を変えると人生が変わる」という考え方に確信をもちます。さらにその思考と行動をまわりの人々にも広めようと、活動を始めます。

しかしその矢先に、子宮頸がんを発症し、治る見込みがほとんどないと宣告されました。彼女は病気の原因は、自分の過去のネガティブな感情が影響しているのではないかと考え、病気と闘うのではなく病気を受け入れ、自分のなかにある不遇を恨むような否定的な気持ちを手放し、自分を傷つけた人達を許し、肯定的な言葉をくり返しました。もちろん自身であみだした思考法だけでなく食事療法なども取り入れ、見事に病気を完治させたのでした。

恨みや怒りなどの気持ちをだいていると、体内では交感神経が興奮し、それによって、自分の体のなかに炎症を引き起こす生理物質が増えてきます。また否定的な気持ちはストレスを生み、ストレスホルモンであるコルチゾールによって体内の免疫系が抑制されます。ですから、このような否定的な感情をずっともち続けているのは健康によくないのです。一方で、肯定的な言葉を何度も口にすることによって、肯定的な気分が高まると、健康状態や人生そのものが改善できます。言葉は私たちの体内のホルモン分泌、神経伝達物質に影響を与えるのです。その結果、考え方・感じ方が変わり、行動が変わり、人生に影響を与えていくことは科学的にも証明されています。この肯定的な言葉のくり返しこそ、ルイーズ・ヘイが世界に広めた「アファメーション」と呼ばれるものです。その後、60歳間近で「ヘイハウス」という出版社を立ち上げ、多くの書籍やカードを出版しました。彼女自身は多くの人々に癒しと愛を伝えるスピリチュアルリーダーとして生涯にわたって活躍しました。

ルイーズ・ヘイは、2017年に90歳でその生涯を閉じました。80歳代の10年間を人生最高のゴールデンエイジにすると公言し、自ら実証した人生でした。

彼女の人生は、両親との別れ、幼少期の虐待、離婚、末期ガンととても恵まれているとは言えない人生でした。しかし、人生の後半から大きく変わり始めたのです。彼女が述懐するには、あるがままの自分を認め、受け入れ、愛することができて初めて、人生のなにもかもがうまくいき始めました。彼女は親の愛情を充分受けられずに育ちましたが、「アファメーション」を通して、自分自身で自分に愛をあたえていったのです。

彼女が残したこんな言葉があります。

「もし人が美味しいレモンをくれたら、味わって美味しくいただけばいい。もし、またまくれたレモンが腐っていたら、その種をまき、レモンをたくさん育て、たくさんの人にレモンをあげればいい」。

自分の親の育て方が悪いと恨んでも仕方がありません。その親も、またその親に、そのように育てられ、同じようにしか子供を育てられなかったのかもしれません。自分の環境のせいにしても、時代のせいにしても、自分の人生が好転することはありません。私たちの脳は柔軟です。どんな困難がきても、それをどう受け止めるかで、つらい人生にもなるし、素晴らしい人生にも変容させることができるのです。

第2章

人生を変えるアファメーションと脳科学

――脳は何歳になっても変えられる――

脳科学から見る人生の変容

＊あなたの人生は何で決まる？

一卵性双生児の追跡研究から、「人がどんな人生を送るか」は、遺伝子と環境の両方の要因で決まることが明らかになっています。例えば、ある病気になりやすい体質（遺伝子）に生まれたとしても、食生活などの生活要因によって、その病気になるかならないかが違ってきます。ある遺伝子が発現するためのスイッチのオン・オフは、実は環境によって変わるからです（環境によって遺伝子のオン・オフが変化することをエピジェネテックスという）。さらに同じ遺伝子、同じ環境でも、それをどう受け止めるか、どう考えるかで脳内に出てくる脳内ホルモンや神経伝達物質が変わってきます。

例えば、コップに水が半分入っているのを見て、「水が半分も入っている」と考えるのか「水が半分しか入っていない」と考えるかで、脳内ホルモンの分泌が違ってきます。前者では満足に関係しているホルモンが、後者では不満足に関係するホルモンが分泌されます。その結果、その後の行動も変わってきます。

否定的な思考傾向になるか、肯定的な思考傾向になるかは、遺伝子に大きな要因があることは明らかとなっています。しかし私たち人間は、学習によって思考傾向をも変えることができるのです。

ただし否定的な思考傾向と肯定的な思考傾向のどちらが良いということではなく、ケースバイケースなのです。危機に直面した時は、否定的な思考傾向の方が危機管理にすぐれていて生存に有利に働くし、安全な時は肯定的な思考経路の方が、何事にもチャレンジして新たなリソースを得ることに有利に働いていきます。

人は困難や新しい変化の状況に直面した時、二つの思考傾向のどちらかが働きます。一つは、生き残り仕様の思考傾向です。これは、起きていることが危険と判断された時は、逃げるか、戦うか、そしてさらに生命の脅威までを感じた時は、固まる（動けない）の脳回路が発動します。一方、自分は守られているという安心・安全を感じることができると、共存・共栄仕様の脳回路が働き、その状況に対して乗り越えられる挑戦ととらえ、創造的になり、人と繋がることにも積極的になり、結果として新しいリソースや繋がりを得る方向に脳回路が働きます。

どちらの脳回路を取るかは、遺伝子だけではなく、幼少のころの環境に大きく影響をうけます。小さいころ愛情をもって育てられると、自分は守られているという心が培われ、困難に対しても挑戦する力が湧いてきます。一方、ルイーズ・ヘイのように、小さいころ困難が続いたり愛情深く育てられた経験がないと、さまざまな状況は常に自分を脅かすものとしてとらえてしまい、生き残り仕様の脳ばかりが働き、人生に積極的に関われなくなってしまうのです。

人と楽しい関わりを持ち、実りの多い積極的な人生に変容したければ、生き残り仕様の脳回路から、安心・安全の脳回路に変えていく必要があります。この安心・安全の脳回路は、幼少のころ受けた愛情によって育まれますが、不幸にして親が与えてくれなくても、自分の存在を信じて応援してくれる誰かが身近に存在することでも養われていきます。友人でも先生でも、このような存在はとても大事です。

ルイーズ・ヘイは、もしかするとそのような身近な存在にさえ恵まれていなかったかもしれません。しかし彼女はアファメーションという方法で、自分自身や状況を全肯定し、自分が守られているというメッセージを自分自身に与えつづけました。自分自身を肯定する言葉をくり返すことで育ちも環境も乗り越えて、豊かな人生に変容することができることを実証したのです。

＊人生の変容とは

心理学や脳科学等でよく使われる「人生の変容（ライフ・トランスフォーメーション）」とは、脳の働きが変わることで、考え方や行動、価値観が大きく変わることを指します。

これは、「神経可塑性（シナプスのつながりが変わる）」や「脳の報酬系の変化」によって引き起こされると考えられています。

◇人生の変容が起こるメカニズム

①新しい体験が脳の回路を再構築する（神経可塑性）

●脳は「使えば強化される」性質を持っています。

●新しいことを学んだり、新しい環境に身を置いたりすると、ニューロン（神経細胞）のつながりが変わり、新しい回路が作られます。

●例えば、海外に住むと「異文化に適応する脳の回路」が強化され、視野が広がる。

②報酬系（ドーパミン）の働きで行動が変わる

●人は「快感」や「達成感」を感じると、脳の

図1　新しい変化（挫折・困難）に遭遇したときの人間の反応

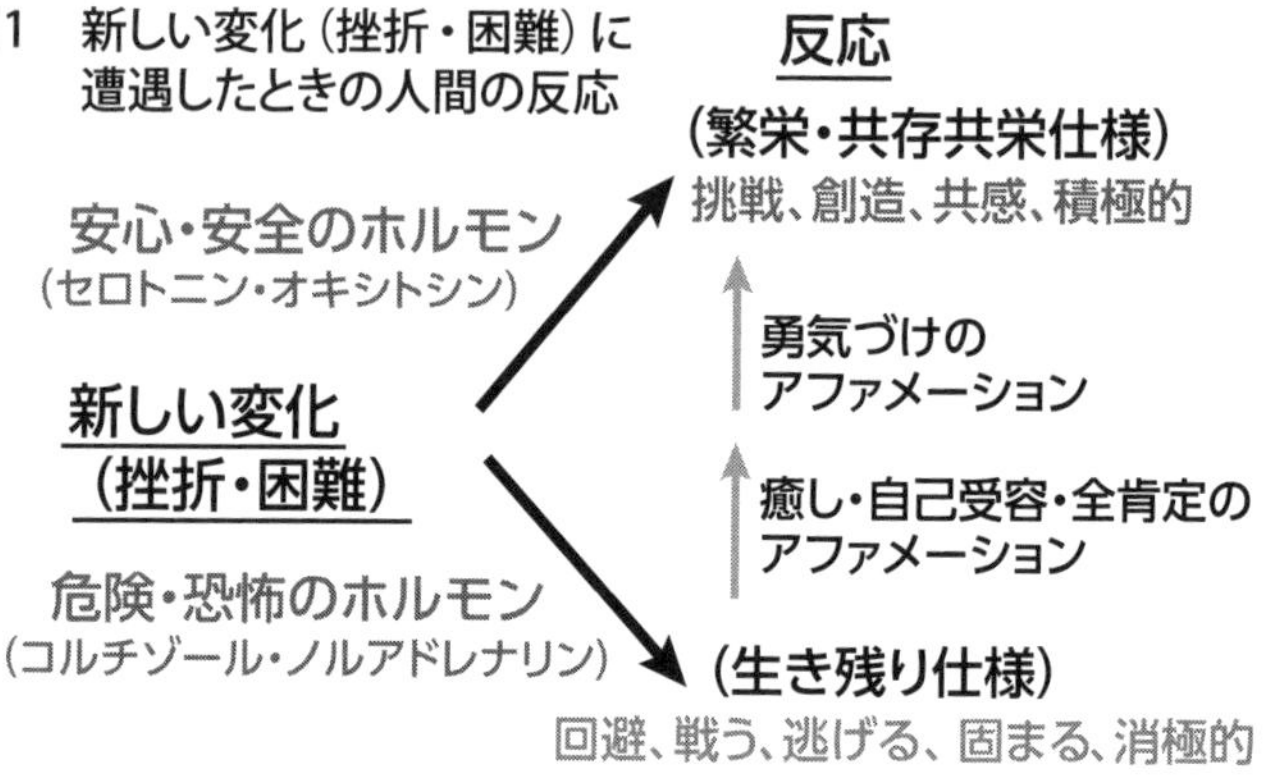

報酬系（ドーパミンを分泌する回路）が活性化します。
●これが「やる気」や「モチベーション」となり、新しい行動を続ける力になります。
●例えば、運動をやり始めて気持ちよくなると継続したくなる。
③「アイデンティティ」が変わると、人生も変わる
●学習や環境・習慣の変化によって「自分はこういう人間だ」という自己認識（アイデンティティ）が変わると、行動が変わり、能力も変わっていきます。これによって①の神経可塑性が引き起こされます。
●例えば、ずっと「運動嫌い」だった人が、ヨガを続けるうちに「私は健康を大切にする人」と思うようになり人生が変わる。

＊人生のポジティブな変容に関与する脳内ホルモン　セロトニン／ドーパミン／オキシトシン

人生のポジティブな変容に関与する脳内ホルモンとして、安心・安全のホルモン「セロ

トニン」、やる気のホルモン「ドーパミン」、つながりのホルモン「オキシトシン」があります（図1の安心・安全の矢印）。

セロトニンは、安心や安全を感じるホルモンで、心の安定や幸福感、リラックス効果に貢献します。うつ病治療に使われる薬には、このセロトニンの量をふやすものが使われます。

ドーパミンはやる気・意欲をもたらす脳内ホルモンです。セロトニンが適切に分泌されている状態は、ドーパミンが働きやすい環境を作る一因となり、結果として意欲や行動力を高めることに繋がると考えられています。

もう一つは、人とつながりを感じるときに出るオキシトシンというホルモンです。オキシトシンは、愛情ホルモンとも呼ばれ、人とつながりをもつことにより産生されます。オキシトシンが活性化されるとセロトニン量があがり安心・安全を強く感じるようになります。そうすると、ドーパミンが産生され意欲を感じ、やる気が出て挑戦したくなります。つまり、人とつながり、人の幸せを祈ったり、親切にしたり、共感したり、感謝したりするとオキシトシンが活発に産生され、安心・安全な気持ちにつつまれ、意欲も出てくるのです。

オキシトシンは、ストレスホルモンと呼ばれるコルチゾールの分泌を抑制する効果も期待されています。コルチゾールは、ストレスに対抗するために必要なホルモンですが、過剰に分泌されると不安やうつ、不眠などの症状を引き起こす可能性があります。オキシトシンによるコルチゾールの抑制効果は、ストレスを軽減し、心身の安定に繋がると考えられています。

オキシトシンの産生には、小さいころの環境が大きく影響します。幼児期に親などからの愛情を充分に受けるとオキシトシンが分泌されやすく、対人関係や社会性に良い影響を与えるという研究結果も報告されています。

幼児の頃、親に愛情をもって育てられると子供の脳内で産生されるオキシトシン量は多くなり、オキシトシン受容体のレベルも高くなります。逆に愛情を充分に受けられないと、オキシトシンやオキシトシン受容体の量が低くなり、周囲はみな敵のように思い、攻撃的な性格になったり、おびえてこもるような性格になることが知られています。ストレスホルモンであるコルチゾールや攻撃に関与するノルアドレナリンが分泌され、人生を危険・恐怖のように感じてしまいます（図1の危険・恐怖の矢印）。しかし、このような愛情の欠乏した環境で育った人でも、周りの人が愛情をもって接することによってオキシトシンが活性化され思考経路が前向きに回復していくことも明らかにされています。

自己肯定的な言葉をくり返し唱えるアファメーションは、自己肯定感を高め、心理的な変化をもたらす効果が期待されています。自己肯定的な思考は、自分自身に対して安心・安全の気持ちを促し、その結果、行動が積極的になっていきます（図1の安心・安全の矢印）。

ルイーズ・ヘイは、アファメーションによって人生を好転させせました。おそらく彼女は、アファメーションを使って自分自身でつながりのホルモン「オキシトシン」を産生させたと考えられます。彼女はそれを「愛」と呼んでいます。

アファメーションは思考・感情・身体に影響し、人生の変容をうながす

＊アファメーションとは

アファメーションとは、自分自身に対して、自らを励まし、意欲や自己肯定感、ストレス低減に役立つ肯定的な言葉がけです。自分の望む未来を、まるですでに達成したかのような肯定的な現在形「〜しています」の言葉で、自分に語りかけていきます。このアファメーションを何回もくり返し口にしていると、それが現実化していくというのです。

ルイーズ・ヘイは、このアファメーションを広めた元祖といっていいでしょう。最近では、心理技法で、セルフペップトークというものがありますが、アファメーションと類似のものと考えていいと思います。

＊類似のセルフペップトークについて

セルフペップトーク（Self Pep Talk）とは、自分自身に対して前向きな言葉をかけ、モチベーションを高めたり、不安を和らげたりする自己対話のことです。

「ペップ（Pep）」は「元気・活気」を意味し、ペップトークは本来スポーツ選手などに対して励ましの言葉をかけることを指しますが、それを自分自身に向けて行うのがセルフペップトークです。

例えば、試験やプレゼンテーションの前に、

「大丈夫、私はできる！」

「今まで頑張ってきた。だからきっと乗り越えられる！」

「失敗しても、それは成長のチャンス！」

と自分に言い聞かせることで、自信や冷静さを取り戻し、パフォーマンスを向上させることができます。

◇セルフペップトークの効果

脳をポジティブにする↓自己肯定感アップ
不安や緊張を和らげる↓ストレス軽減
やる気を引き出す↓行動力アップ
集中力を高める↓目標達成しやすくなる

これは脳の報酬系（ドーパミンの分泌）を活性化することが研究で示されており、科学的にも効果が裏付けられています。

＊脳の三層構造

私たちが発する言葉というのは、私たちの考えや感情・身体の状態に影響を与え、その結果、行動にも影響を与えていきます。同じ言葉を何回もくり返して発していると、行動にも影響するのです。

1960年代に、ポール・マクリーンが「三位一体の脳」という仮説を提唱しました。

ヒトの脳は、次のような三層構造になっているという仮説です。人間の脳の構造が、まさに人類の進化を物語っているように思えます。

人間の脳は、「魚類・爬虫類脳」、「哺乳動物脳」、「人間脳」と名付けた三層構造をとっているのです（図2）。ただし必ずしも、それぞれの動物が図に示した部位だけしか持っていないという意味ではありません。

《脳幹》「魚類・爬虫類脳」あるいは反射脳

脳幹は動物が「生きる」ための脳といわれ、生命維持に必要な機能が備わっています。

●自律神経（内臓の働き・体温調節・性機能な

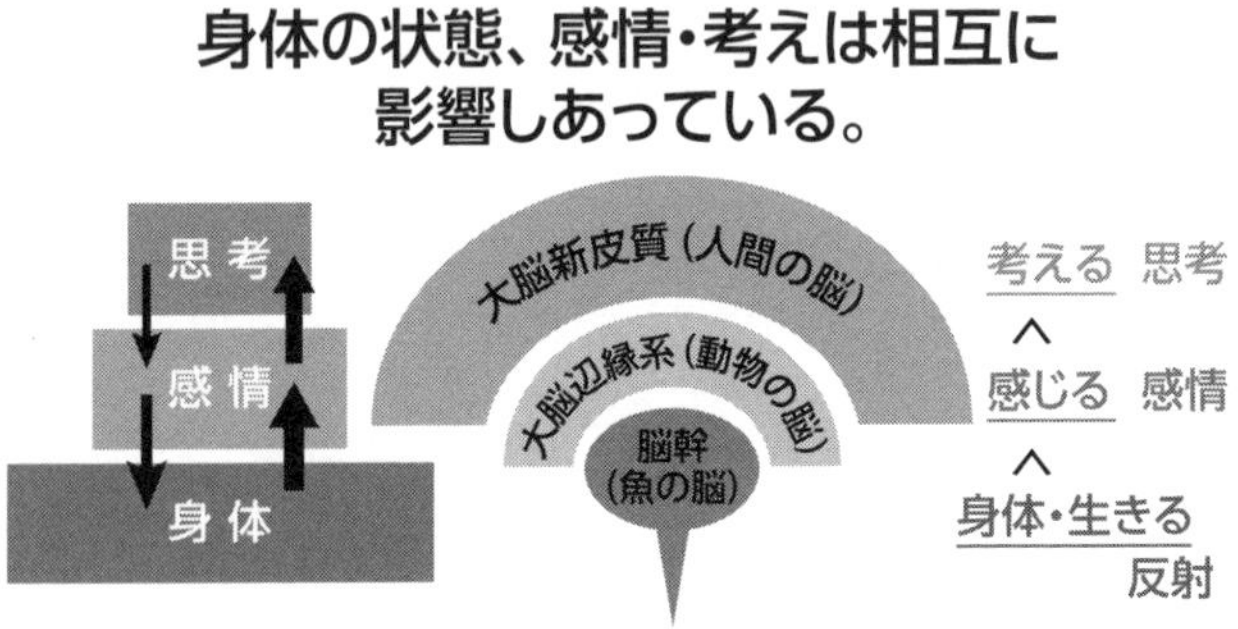

図2　脳の三層構造

ど）を支配

●食欲・性欲・睡眠・全身の筋肉運動などのコントロール

●ホルモン分泌

これらは、本能的行動で、反応は他の部位と比べ最速で、遺伝的にプログラムされているものが多く「変えにくい」ことが特徴と考えられています。

《大脳辺縁系》「哺乳動物脳」あるいは情動脳

大脳辺縁系は「たくましく生きる」ための脳で、主に情動と記憶をつかさどっています。快・不快を感じる脳です。不快を感じる扁桃体、そして、快を感じるための側坐核がここにあります。関係性をつかさどるオキシトシンも、ここで産生されます。

●本能的な快・不快・不安・怒りなどの感情

●食欲・性欲などの本能的な衝動

●体や頭で覚える記憶など

無意識的行動で、反応は次の人間脳よりは速く、「訓練によって変えられる」と考えられています。

《新皮質》「人間脳」あるいは理性脳

新皮質は認識・記憶・理解・判断・思考・行動・注意・意欲などをつかさどります。知性などの「人間らしく。よりよく生きる」ための、高度な精神活動のための機能を持っています。

うまく生きるために適応し、よりよく生きていくために創造をかき立てたり、意欲を与えたりします。反応は、三つの部位のうち、もっとも遅く、「理解によって変えられる」と言われています。

もっと簡単な表現でまとめてみましょう。

人間脳……「考える」

哺乳動物脳……「感じる」(快・不快)

魚類・爬虫類脳……「生きる」

生存に関わる重要度から、神経の命令の強さは、魚類・爬虫類脳＞哺乳動物脳＞人間脳の順番で作動されると考えられています。

これらの脳部位はお互いに影響しあっています。

身体の状態（生きる脳）「魚類・爬虫類脳」が、感情（感じる脳）「哺乳動物脳」に影響し、感情が思考（考える脳）「人間脳」に、また逆方向にもお互いに影響しあっていることが明らかになっています（図2）。

進化の流れから考えると、身体から感情・思考に影響を与える力の方が、思考から感情・身体へ与える影響より強いのですが、確実に、思考から感情・身体への影響を与えることができます（図2）。

これが言葉の力です。思考すなわち言葉が私たちの感情を変え、感情が行動を促すことができるのです。後述しますが、身体のポーズとともに言葉を発すると、より強く感情に響き行動を生み出します。

＊アファメーションを有効にするために心がけること

(1) 肯定語を使う

言葉は、イメージ（思考）、情動、身体感覚と紐づいています。例えば、私たち日本人が誰でも知っている「梅干し」という言葉を発すると、実際に梅干しを口に入れなくても酸っぱさが口に広がってきます。たとえ、梅干しをイメージしないでくださいといっても、梅干しを無意識にイメージしてしまうのです。「～ではない」とか「～しないでください」という状態は、イメージしにくいのです。だから、より有効なアファメーションの言葉は、肯定語を使い、イメージ（思考）も、情動も、身体感覚もともなったものにすることが重要です。

(2) くり返しが大事

人はある状況に対してどういう行動をとるかは、記憶している過去の経験から、役に立った行動をとることで対応しています。すなわちアファメーションの言葉を常に有効に働かせるためには、くり返して、記憶しておく必要があります。海馬は記憶をつかさどる脳の部位で、脳に記憶を保持するための役割を果たしています。海馬では、くり返された情報が、生存に必要な情報と判断され記憶していきます。また、海馬の先には扁桃体という情動のセンサーのような部位があります。扁桃体が強く刺激されると、少ない刺激回数でも海馬でよく記憶されることが明らかになっています。つまり、強い情動を引き起こす状況は、生存を脅かすもの、あるいは必要なものとして次に同様なことが起きた時にすぐ対応できるように進化して備わったものと考えられています。アファメーションの言葉は、インパクト（情動の強さ）とくり返す回数によって記憶に定着されていくのです。

しかしシンプルでやさしい言葉であっても、何度も何度もくり返すことによって、脳に記憶され、あなたの行動まで変えることができるのです。

(3) 身体表現を加える

アファメーションを唱えるとき、身体も使って表現すると、感情も動き、パワフルになりインパクトが強まります。例えば、「私はできる」と言いながらガッツポーズをしてみましょう。あるいは「私はできる」と思った過去にとっていた姿勢やジェスチャーをしてみましょう。「私はできる」と口に出しただけの時と、姿勢やジェスチャーと一緒に言葉を発した場合とでは、後者の方がずっと「できる」気分になれるはずです。

もちろん、単にくり返して唱えるだけでも効果はあります。必要なことは一日何回でもよいので、毎日くり返すことです。

(4) 自己肯定感が弱い人は「祈り」から入ってもいい

もし、アファメーションを唱えても、感情がポジティブにならなかったり、自信がつかない場合でも心配する必要はありません。最初は、「～でありますように」のような祈りや願いのようなものでもいいのです。これについては研究があって、比較的、自己肯定感が強い人には、「私は成功する！」のような強い肯定的な表現が勇気づけとなりますが、自己肯定感が低い人は無意識に「そんなことできるわけない」などの否定的な気持ちがわき起こりがちです。これは日本人に多くみられる傾向です。その場合は、アファメーションの効果は発揮されません。

アファメーションを口で唱えた時に、気分が高揚するとか、勇気が湧いてきたら、それは有効だといえます。逆に何も感じないか、あるいは何か違和感のようなものを感じたりしたら、有効ではありません。そういう場合は、祈りのような表現にしてみてください。例えば、「私がもっと強い心を持てるように応援してください」というように。それによって、少しでも気持ちが落ち着いたり、前向きになれば、まずはそれで充分です。だんだんと、「私は強い人間だ」のような表現にシフトしていけばいいのです。

言葉から生まれる感情があなたを動かしている

＊アファメーションと引き寄せの関係

我々の脳は、常に信念や思い込みというメガネを通して我々を行動させようとしています。つまり、私たちは、色眼鏡のようなものをかけていて、それに沿ったものが焦点化され拡大されて物事を見ているのです。脳は、焦点をあてたものが、より鮮明に意識化され、それ以外のものは不鮮明になるように仕組まれていることが明らかとなっています。

例えば、もしあなたが車のプリウスが欲しいと思っていると、道路にはいつもと同じように色々な車種の車が走っているのですが、プリウスが頻繁に目に入ってきます。まるで、プリウスが引き寄せられてきているかのようです。

「私は幸せで恵まれています」というアファメーションをくり返していると、私たちの脳は、目の前にある幸せなもの、恵まれているものばかりが目に入ってきて幸せな気持ちになります。これがよく言われる引き寄せです。そして、最初に引き寄せた情報から行動がうまれ、その行動によって派生した次の情報から、やはり色眼鏡に沿った情報だけが収集され（引き寄せられ）、どんどん引き寄せが増幅していき、結果として望んでいる願望の実現の可能性がますます高まっていくのです。

＊ポジティブ感情とネガティブ感情を超えるアファメーション

ポジティブ感情とネガティブ感情は、生きていくうえでどちらも大切な感情です。

ポジティブ感情とは、喜びや幸せ、楽しさなど人を元気にする感情です。一方ネガティブ感情とは、不安、悲しみ、つらさ、孤独など、人の気持ちを暗くする感情です。

人はいつでもポジティブ感情をもって、元気でいたいものです。しかし、いつもポジティブでいられますか？　例えば、美味しいビフテキが夕食にでたら、美味しい！　と喜んで食べますね。でも、毎日、毎食、ビフテキが食事に並んだらどうでしょう。あまり美味しく感じなくなります。感情も同じです。悲しさがあるから喜びがあり、寂しさがあるから、人と一緒にいるときが嬉しく感じられるのです。身体も同じです。ずっと同じ姿勢を取っていたら、疲れるため自然に異なる姿勢をとるでしょう。

興味深い研究結果があります。ネガティブな感情の時は、機会を危機ととらえ、より分析的になり、細かいことに気付く傾向にあります。一方、ポジティブ感情の時は、機会をチャレンジととらえ、人を信じやすく（逆にだまされやすくなる）、より全体像をとらえ、おおざっぱになりますが、創造力が増していきます。それぞれの感情には役割があり、もしネガティブな感情が起きたら、物事を冷静に分析しなさい、というメッセージと受けとればいいのです。ポジティブな時は、人とつながり、創造性を発揮するチャンスととらえることができます。問題は、どちらかの感情に乗っ取られた状態にならないことです。

行き過ぎが問題なのです。ネガティブ感情が増幅すると鬱症状になっていきます。超ポジティブになっていくとリスクに気付かず無謀な行動をとる場合もあります。だから、どちらの感情も大切なのです。情動があまり強くなりすぎると、前頭前野の脳の働き（思考）が弱まり、分析的な思考、創造的なことが弱まってしまうと言われています。

悲しい体験があった時でも、いま起きていることは意味があり学びだという、すべてを肯定する絶対肯定のアファメーションが、気持ちを中立にさせ、前向きに次へ進むことに役立ちます。

ルイーズ・ヘイのアファメーションには「私の経験することはすべて成功だと思っています」「すべて、私に必要なことが起きています」などのように、すべてを肯定する言葉が多いのです。「良い、悪いもなく、すべては私たちの成長のために起きている」と考えると、脳がそのように働くのです。

＊プラセボ効果

プラセボ効果というのがあります。何も効かないドロップを薬だと信じて服用すると、実際にある程度効果を発揮することが実証されています。

体に痛みを感じている時に、これは痛みを止める薬だと言って、ただの飴玉を飲ませても痛みが和らぐのです。これがプラセボ（偽薬）効果です。実際に生体内にある鎮痛物質（エンドルフィンなど）が誘導されることがわかっています。興味深いことに、これは効くに違いないと期待する人にはそのような鎮痛物質が特に効果があることが知られています。効果があると期待すると、脳内にあるドーパミンが産生され報酬回路が活性化し、実際に効くのです。しかし遺伝的に、ものごとにあまり期待しない人にはプラセボ効果があまりないこともわかっています。このような人は、慎重で危機管理などに能力を発揮します。

また逆のノセボ効果というのも知られています。毒でもないものを、これは毒だと言って与えると、本当に体をこわしてしまうのです。このように私たちが、どう信じるかによって、生体内で産生されるホルモンや神経伝達物質が影響を受けます。

アファメーションでも同じことがいえます。「私は成功者だ」というアファメーションをくり返していくと、それを本当と信じるようになり、生体内に成功者としての行動をするうえで必要なホルモンや神経伝達物質（例えばやる気のホルモン、ドーパミンなど）が産生されるようになります。逆に「私は失敗者だ」という思い込みがあると、ネガティブホルモンが産生され失敗につながる行動をしてしまうのです。

だから、アファメーションが有効になるためには、それを信じられるか否かが重要になってきます。

＊ルイーズ・ヘイのアファメーションを活かす

次章では、彼女のネガティブな体験を変容させた「ポジティブな言葉」と「**アファメーション**」そして「説明」が書かれています。「アファメーション」だけを言葉でくり返しても、うまく生活に生かせない場合があります。それはネガティブな感情が潜在意識にあり、アファメーションの言葉を心の底から肯定できないため、変容につながらないからです。

本書は「アファメーション」とともに、その説明が書かれています。これによって言葉の意味がより深く理解され、潜在意識まで浸透し、なるほどと肯定できるようになるでしょう。あなたのいつも考えている思い込みがあなたの人生を方向づけていきます。人は思い込み通りに物事を見るバイアスがかかる生き物なのです。自分の思い込みや信念を変えなければ、せいぜい同じような人生がくり返し展開されるだけです。しかし、今この瞬間の考え方を変えれば、未来は変わり、違った人生が開けるかもしれません。

是非ピンチの時や、人との関係性で悩んだとき、あるいは、もっと幸せになりたいと思った時など、自分の思い込みや信念は何だろうかと問うてみてください。そして、ルイーズ・ヘイのアファメーションの、今のあなたにピンときた箇所を何度も読んでみてください。新しい考え方・視点が見出され、人生が癒され、次へと向かう勇気が湧いてくるでしょう。

第3章

言葉が人生を変える ルイーズ・ヘイの愛のアファメーション

私は愛と受容の世界に住んでいます

私は自分も相手も受け入れます

ありのままの自分を受け入れてもらいたいなら、相手のこともありのままに受け入れる必要があります。両親にはありのままの自分を受け入れて欲しいと願う一方で、ありのままの親を受け入れられない人は意外に多いものです。

受容とは、あるがままに生きる力を自分自身と相手に与えることを意味します。他人に自分の価値観あるいは「生きる基準」を押し付ける人がいますが、それは、とてもおこがましいことです。基準を定めることができるのは自分に対してだけです。さらに基準を設けた場合でも、ひとつの「目安」程度に考えるべきです。自分を受け入れれば受け入れるほど、自分のためにならない習慣を手放しやすくなります。自他ともに認め合う、愛に包まれた環境に身を置けば、人は容易に成長し、良い方向に変わっていくのです。

私は自分のパワーを信じて、限界の壁を突き破ります

私は自分を許して、自由になります

自分以外の何かに極端に依存している状態を依存症といいます。依存の対象としては、例えば、薬物、アルコール、セックス、それにタバコ（ニコチン）などがあります。また、人を頭ごなしに批判したり判断する人、自分で病気を作る人、借金をくり返す人、いつも被害者の立場でいたい人、拒絶されたい人……。こうした人たちも依存症に罹《かか》っ

Addiction
依存

ていると言えます。しかし、私は、このようなことを乗り越えることができます。依存症になることは、自分のパワーを放棄し、アルコールや薬物などの物質に身を委ね、悪習に身を染めることを意味します。私がもし依存症に陥ったとしても、乗り越える自信はあります。なぜなら、私はいつでも自分のパワーを取り戻すことができるからです。心の底から、「私はパワーを取り戻す！」と決めたら、その瞬間に実現するのです。私はあるときから「私の人生は私のためにある」と前向きに考えるように決めました。だから、どんなにつらいことがあっても、自分を許して、前を向いていく覚悟はできています。私には、永遠の魂が今この瞬間もずっと寄り添ってくれているのです。古い習慣を手放し、新しいポジティブな習慣を取り入れるときは、肩の力を抜いてリラックスし、大きく深呼吸することを心掛けています。

私はアファメーションを賢く用います

良い言葉が私を幸せに導いています

ふと心に思い浮かんだことや口にした言葉。そのどれもがアファメーションなのです。アファメーションにはポジティブなアファメーションとネガティブなアファメーションがあります。肯定的な言葉を自分にかけているとポジティブな出来事を引き寄せ、逆に否定的な言葉を使っているとネガティブな出来事を引き寄せます。ポジティブなアファメーションをすることは種を蒔《ま》くのと同じです。例えば、トマトの種を蒔けば、トマトの木が育ってやがて実をつけます。ドングリは芽を出し、やがて樫の木の大樹に成長します。子犬はやがて立派な成犬に成長します。

普段から自分自身や人生についてネガティブな言葉を使っていると、ネガティブなできごとに遭遇し続けます。ある日、そのことに気付いた私は人生をネガティブに考える習慣を捨てる決意をしました。自分が望む良いことについてだけ話すようにしました。ポジティブなアファメーションをくり返すことで、自分が望む方向に人生を変えていくことに決めたのです。ポジティブな言葉で自分自身を幸せに導くことができる――。これは真実なのです。

どんな試練に遭遇しても、
私は愛されていることを
知っています

私は、いつも愛のエネルギーと
つながっています

人生はまさに未知の領域を歩むようなものです。誰もが今この瞬間、この地球上で、自分の知識と判断力を頼りに、最善を尽くして生

Aids

救い

きているのです。どんな些細なことでも、自分が思っていた以上にうまくできたときは、自分を褒めてあげましょう。誇りに思いましょう。

この地球上には、心身の不調を経験し、癒しを必要としている人がたくさんいます。不調を癒す方法はあります。心の底から愛が語りかけてきたとき、その声に耳を澄ませるのです。毎日時間をとって、静かに心を落ち着け、愛が手足から各臓器に染み渡るのを感じてください。愛には癒しのパワーがあります。愛はすべての扉を開けます。愛は、いついかなる時も存在している〈宇宙エネルギー〉そのもので、人生の試練を乗り越えられるよう、いつでも私たちに手を貸してくれるのです。心を開いて、愛を全身で受け止め、あなたを創造してくれた〈宇宙エネルギー〉とのつながりを感じましょう。

私は限界の壁を突き破り、
可能性に目を向けます

人生で体験することは、
すべて良い人生のための
学びの機会です

智慧と学びへの扉は常に開かれています。人生で経験するさまざまな障壁、障害、妨害、難題……。これらは私にとって家庭教師のようなものです。なぜなら、過去への執着を断ち切り、未来の〈可能性全体〉に目を向ける機会を与えてくれるからです。

私は想像の翼を広げて、人生最高の出来事が起きた場面を想像するのが大好きです。不思議なことに、良いことを何度も想像しているうちに、障壁や障害がいつの間にか消えてしまうのです。

その後、突然降って湧いたみたいに、私の人生に小さな奇跡が次々と起こり始めるのです。そして、時々、何もせず、ただ静かに座って、〈神聖な智慧〉の声に耳を傾けています。私は人生という名の学校で学ぶ生徒なのです。

どんな花にも特有の美しさがあります。
人間も花も、常にどこかで蕾《つぼみ》を膨らませ、
花を咲かせているのです

私には、私だけの美しさがあります
私は、人生にある美しさ
すべてと共鳴しています

美しさはいたるところにあります。自然の美を醸し出す野辺に咲く

Beauty
美

小さな花、湖面に反射した陽光が織りなす鮮やかな模様、古い大木から伝わる静かな力強さ……。自然は感動を与えてくれます。自然の中に身を置くと、新鮮な気分になり、心身ともにリフレッシュできます。

自然を愛するようになると、自分を愛することも楽になります。なぜなら、人間は自然の一部だからです。自然界には独特の美しさが溢れているように、私には私だけの美しさがあります。今日も、私は、人生にある美しさすべてと共鳴しています。

請求書は私に支払い能力があるという証《あかし》です

私にとって、経済的な自立は容易です

創造主は私たちにありとあらゆるものを与えてくれます。但し、自分は創造主の恩恵を受け取るのにふさわしい人間かどうか——それを決めるのは自分です。今、私たちが持っているものはすべて自分の

Bills

請求書

意志で受け取ったものです。

今とは何か違うものが欲しくなった場合、どうすればいいのでしょうか？　現状に不満を述べていては受け取れません。何か違うものを手に入れる唯一の方法。それは意識を拡大させることです。

請求書は愛を持って受け取り、支払いをするときは喜びを感じましょう。お金の問題に関しては、ポジティブに考えることから始めましょう。あなたにサービスや商品を提供し請求書を発行した人は、あなたに支払い能力があると信頼したからそうしたのです。請求書はあなたが信頼されている証なのです。

私のうちなる〈神聖な知性〉は、
ビジネスに影響し、
私は、次々と成功を収めています

私の仕事は自分が大好きなことをすることです

私は、自分のビジネスをマネジメントするうえで、〈神聖な知性〉を信頼しています。実際に会社を経営しているかどうかは別にして、私は

Business
ビジネス

この〈神聖な知性〉に雇われていることは確かです。この〈知性〉は唯一無二の存在で、私たちのいる太陽系の歴史を作ってきた輝かしい実績があるのです。具体的に言うと、数百万年もの間、太陽系の惑星を調和のとれた整然とした軌道に導いてきたのです。私はこの〈知性〉をビジネスパートナーとして快く受け入れています。私は容易に、自分のエネルギーをこのパワフルな〈知性〉とともに働くことに注いでいます。私が必要とする答え、解決策、癒し、そして創造的なアイデアは全部この〈神聖な知性〉から得ることができます。私のビジネスが人に喜ばれ、成功を収めているのは、そのおかげです。

私は考え方を変えます
愛を込めて

私は素晴らしい存在です

私たちは〈光〉です。私たちは、スピリット〈魂〉です。そして、私たちは一人残らず、素晴らしい、有能な存在なのです。今こそある事実を認める時です。それは、目の前の現実は自分が創っているということです。すべての現実は思考から生まれます。だから、現実を変えるには、思考を変える必要があるのです。要は、自分にとって望ましい

Changing Our Thinking

考え方を変える

現実を創るには、新しいポジティブな考え方と言葉遣いを心掛けることです。私は随分前に悟ったことがあります。それは、考え方を変えれば、人生を変えることができるということです。ここで言う「考え方を変える」というのは、「どうせ自分には無理だ」といった制限思考を捨てることを意味します。この制限思考が取れた時、私たちは、人生には無限の可能性が広がっていることに気付き始めます。そして、私たちはすでに完璧な、宇宙と調和した、完全な存在であることを理解し始めるのです。こうなれば、毎日をもっと楽に過ごせるようになります。

過去に起きたことがどうであれ、
私の中にいる
幼い頃の自分に伝えたいことがあります
「あなたは、これから
花を咲かすことができ、
皆から深く愛されています」

私は、宇宙に愛され、成長しています

Child Abuse

児童虐待

私たちは皆、宇宙の最愛の子どもです。しかし、現実世界では児童虐待など悲惨な出来事が後を絶ちません。これは今に始まったことではありません。今まで沈黙の壁に囲まれて、公に語られることのなかった真実に、世間がやっと目を向け始めたのです。いたるところで沈黙の壁が崩れ始めたことで、現状を変える手立てが見えてきました。気付くこと、それが変化を起こすための最初の一歩です。私自身も含め、過酷な幼少期を過ごした人たちの多くは、沈黙の壁や自分を守る鎧が厚くて強固です。しかし、被害者の心の中には、今でも傷ついた幼い頃の自分がいます。その幼い頃の自分が切に求めていることは、自分を変えたいとか、別の誰かになりたいということではありません。自分の存在に気付いて欲しい、愛して欲しい、そしてあるがままの自分を受け入れて欲しい、ということだけなのです。

あなたは子どもに教えることはできても、
強制することはできません

私は子どもたちを愛し、
子どもたちは私を愛しています

子どもたちとオープンに、愛情を持ってコミュニケーションを取ることは、私にとって大きな喜びです。私は子どもたちの話に耳を傾け、子どもたちも私の話に耳を傾けてくれます。子どもは大人の真似をするものです。私の周りにネガティブな行動を取る子がいたら、まず私

Children
子どもたち

自身がネガティブな考え方をしていないかどうかチェックします。私が私自身を癒せば、それはまた、子供を癒すことにもつながるのです。私は自分を無条件に愛しています。意識的に、ネガティブな考えは手放すようにしています。子どもたちのお手本になるような、ポジティブな、愛情溢れる人間になりたいと常に願っています。そんな私の姿を見れば、子どもたちもきっと自分を愛せるようになり、ネガティブな行動も、一瞬であるいは徐々に、影をひそめるでしょう。さらに、私はインナーチャイルド（心の中にいる子供）とのつながりを大切にしています。私の大人としての生活が安定すると、インナーチャイルドも安心感を覚え、愛されていると感じます。安心感と愛情に包まれたとき、人は自ら進んで多くの古いパターンの考えを手放せるようになるものです。

朝、起きたとき、
私は昨日の自分より
成長することを選びます
私は新しい何かに心を開く準備が
できています

私は高次の意識とつながって
生きることを選びます

Choice
選択

「どんな問題にも解決策がある」「今、目の前にある問題も必ず解決できる」。私は普段からそう考えるようにしています。私にとって、目の前にある問題は、一時的なものに過ぎません。いつかは解決する問題なのです。私は前向きな人間です。自分を憐《あわ》れむ気持ちが湧いたら手放します。私は、喜んで、教訓から学び、宇宙が私に与えてくれる「良いこと」に心を開いています。私は、喜んで変化していきます。どのような形で問題が解決するのか、自分では想像もつかないことも受け入れます。何故なら、どんな問題もいつかは解決すると確信しているからです。そして、その確信の先には最高の結果が待っていることが私にはわかるのです。すべてはうまくいっています。

やるべきことではなく、知るべきことがあるのです

コミュニケーションは、愛の歌です

お互いの愛情が伝わるコミュニケーションが取れたときは、最高に幸せで、感動すら覚えます。どうすれば愛に満ちたコミュニケーションを取ることができるのでしょうか？　私はその答えを探すために、これまでいろいろなワークをしたり、関連する本を読みあさりました。その結果、たどり着いたのが「生命の法則」です。具体的に言うと、「私

の考えや口にした言葉は、宇宙に届き、宇宙がそれに答えて、私にそれに見合う現実の体験をさせてくれる」ということです。

そこで私は〈宇宙〉に助けを求め、自分が普段どんな考え方をしてどんな言葉を口にしているのかを観察することにしたのです。その結果わかったのは、判断や評価をせずに、ありのままに自分や周りを見るようにすると、以前よりももっと愛が伝わるコミュニケーションができるようになる、ということです。大切なのは、自分は何を信じているのか？　どう感じているのか？　人の言葉や態度に自分はどう反応するのか？　どうすればもっと人を愛せるようになるのか――？

そこに意識を向けて、「私に愛することを教えてください」と〈宇宙〉に向かって語りかけるのです。

私は生命からなる
コミュニティと
平和に暮らしています

私はすべての人々に心を開きます

私たちは狭い考え方を捨てて、宇宙的視点で人生を考えるべき時期に来ています。近年、この〈地球〉上の人間のコミュニティ間の交流は、これまでにないほど盛んになっています。スピリチュアリティへの目覚めが加速したことで、国境を越えた人間同士のつながりがより強固になってきています。魂レベルでは私たちはひとつであることに、多くの人々が気付き始めたのです。私たちがこの時期に、この地球に転生することを選んだのには理由があります。それは、地球の癒しに貢献するためです。私たちの誰もが、意識の深いレベルで、地球を癒す一助になりたいと願っているのです。何かを考えるたびに、その思考は自分のもとを離れ、同じような考えを持つ人たちと自分をつなげてくれる、ということです。これまでの古い考え方、先入観、偏見、罪悪感、恐怖心などに縛られていては、新しい意識レベルへと移ることはできません。一人一人が自分自身と周りに対して〈無条件の愛〉を注げば、地球全体も癒されるのです。

あなたはこの世界で
たった一人のかけがえのない存在です
だから、他人と比べたり、
競い合うことは意味がないのです

私は、かけがえのない素晴らしい存在です

私がこの世に生まれてきた目的は、自分自身と他者を無条件に愛せるようになることです。身長や体重など、測定可能な要素以外に、

Comparisons
比べること

私の中には数字では表せないもっと深い要素があります。そして、数字では測れない部分にこそ、私のパワーが宿っているのです。人と比べたとき、自分の方が優っているとか、劣っていると感じ、ありのままの自分が受け入れられないのです。人と比べることは時間とエネルギーの無駄なのです。私たちは皆、唯一無二の存在です。そこにいるだけで価値のある、個性豊かな、特別な存在です。私は自分の内面に意識を向けて永遠の〈ワンネス〉とつながると、すべてはひとつであると感じます。万物は絶え間なく変化してとどまることがありません。私は世の中の変化についていきながら、同時に、自分の心の中にある、どんな変化の影響も及ばない深い部分の自分とつながりながら生きています。

自分で完全にコントロールできるのは、今この瞬間に考えていることだけです

私は、生命のプロセスを信頼しています

自分ではコントロールできないことが起きたときは、すぐにポジティブなアファメーションをしましょう。心が落ち着くまで、何度も何度もポジティブな言葉を自分にかけるのです。不安がなかなか収まらない

Control
コントロール

場合は、「すべてはうまくいっている」と3度くり返すといいでしょう。

逆に自分が何かをコントロールしたい衝動にかられたときは、「私は生命のプロセスを信頼しています」と自分自身に言葉をかけましょう。

地震や自然災害に見舞われたときは、「私はこの地球のリズムと調和していきます」と言葉をかけると心が落ち着きます。このようにすれば、何が起きても大丈夫です。なぜなら、あなたは生命の流れと調和を保っているからです。

私は自分の創造力を認め、それに敬意を表します

私は日々、人生を創造しています

絵画、小説、映画、新種のワイン、新しいビジネス……。こうしたものに創造性を見出すのは簡単です。しかし、創造性はこうした目に見えやすいものばかりではありません。例えば、私の体内で細胞が日々再生をくり返すたびに、私は新しい人生を創造しているのです。また、両親や両親の古い思考パターン、自分の現在の職業、銀行口座、

Creativity
創造性

友人関係、そして自分自身に対する態度……。私はこうしたさまざまな面での私の感じ方を通して、人生を日々創造しているのです。私は、天から授かった最もパワフルな才能のひとつ、想像力をもっています。想像力を働かせて、自分と周りの人たち皆に良いことが起きることをいつも心に描いています。私が心穏やかに生きて行けるのは、〈ハイヤーセルフ〉と一緒に人生を創造しているからです。

何か新しいスキルを学び始めたときは、最後まで愛を込めて自分自身をサポートしましょう。自分を支えるのは自分です

大きなことでも小さなことでも、私は自分を褒めます

「私は素晴らしい存在だ」。今でこそそう思えますが、かつての自分はいつも自分を叱り、自己批判をくり返していました。そうすること

がより良い人生につながると信じていたからです。しかし、いくら自分を批判しても、人生が好転することはありませんでした。それどころか、自己批判をくり返すことで、自分を変えて進歩することがますます困難に思えてきたのです。

そこで、内なる自分との対話を始めました。すると、「まだまだ努力が足りない」とか「こんなやり方じゃダメだ」というふうに、いつも自分にダメ出ししていることに気付いたのです。そして、その原因は幼少期に刷り込まれたネガティブな思考パターンにあることに気付いたのです。そこで私は、すぐにインナーチャイルドに優しく語り始めました。自分をけなすのではなく、自分の良さを認め、自分を褒める――。そうすることで、自分自身に心の栄養を与えることにしたのです。そうすると、徐々に、いつも愛に溢れた人間になっていることがわかるのです。

死という扉の向こうには新しい人生が待っています

私は、毎日生まれ変わっています

私たちは皆、映画の途中でやって来て、映画の途中で席を立ちます。映画館に出たり入ったりするタイミングに良し悪しはありません。あるのは自分にふさわしいタイミング。ただそれだけです。

死は敗北ではありません。ベジタリアンも肉食系の人も死にます。人を罵《ののし》ることが好きな人も瞑想する人も死にます。善人も悪人も死に

Death

死

ます。みんないつかは死ぬのです。それは自然なプロセスです。ひとつの生命の扉が閉じると、また別の生命の扉が開きます。今世の扉が閉まると、来世の扉が開きます。今世で与えた愛、受け取った愛は来世でも私たちを出迎えてくれます。死は、永遠の魂が来世に生まれ変わって、別の人生を生きることができるよう、私たちを今世から解放してくれるのです。来世にどこで生まれようと、私はいつも安心感と愛に包まれ、人生に完全にサポートされていると信じています。

自分に制限を作るのは人間だけです
「私は自分を制限する思考から脱却する」
と決めましょう
あなたならできます

私は決断力のある人間です

身体の健康に気を付けている人は、身体に良い栄養のあるものを食べます。心の健康に気を付けている人は、精神的に安定する考え方

Decision Making

意思決定

を選びます。一口に思考と言っても、さまざまなタイプがあります。単なる思いつき程度であれば、それほど大きな意味はありません。それに対して、何度もくり返される思考は大きな意味があります。喩えて言うなら、くり返される思考は水滴のようなものです。最初は水たまり程度ですが、時が経つにつれ、池や湖を作り、やがて大きな海になるのです。批判、不足、欠乏や限界ばかりをくり返していると、私たちの意識はネガティブ思考の海の中で溺れてしまいます。一方、真実、平和や愛についての思考をくりかえしている人は、ネガティブ思考の波に呑み込まれることなく、人生という大海原を楽に航海していくことができるのです。大切なのは、すべての生命はひとつであり、自分もその一部であるというワンネスの意識をもたらす思考を持つことです。そうすれば、最適な決断を下し、それに沿って行動することが容易になります。

私は最高の人生を手に入れるのに値する人です

私には素晴らしい経験をする価値があります

人は誰でも幸せで満ち足りた人生を送る資格があります。しかし、巷の多くの人たちがそうであるように、私もかつては人生に良いことなんてほとんどない、と信じていました。残念ながら、今の世の中、「自分は、人生の良いこと全部を受け取る資格がある」と信じている

Deserving
幸せになる価値

人はほとんどいません。多くの人は子どもの頃から条件付けをされてきました。例えば、ホウレンソウを食べなさい、部屋を綺麗に掃除しなさい、髪を整えなさい、靴をピカピカに磨きなさい、騒ぎ立てずに大人しくしなさい――そうすれば良いことがあるから。そう信じ込まされてきたのです。確かにこうしたことができるようになるのは大事なことですが、自己肯定感を持つこととは何の関係もないことです。私たちが気付かなければならないこと――それは、自分は今のままで充分素晴らしいということ、そして何も変えなくても、最高の人生を手にする資格がある、ということです。私は両手を広げ、愛を持って宣言します。「私には人生に起こる良いことを全部受け取る資格があり、それを受け取ります。」

私は人生に起こる
良いことを全部吸収して、
人生を輝かせます

私は、人生での経験を
消化・吸収し、生命を輝かせています

私は、食べ物を消化・吸収するように、人生での経験を完璧に消化・吸収し、消化しきれないものは排泄します。

Digestion
消化

私の細胞と臓器は自分の役割をしっかり心得ています。だから、細胞と臓器が仕事をしやすいように、私は栄養のあるものをたくさん食べ、明晰な、ポジティブな、愛に満ちた思考を心掛けています。身体の各部分に、心のパターンが現れます。例えば、私の胃はさまざまなアイデアを消化・吸収する場所です。初めての経験に遭遇したときや、大きな環境の変化に直面したとき、その経験を咀嚼《そしゃく》しきれないこともあります。しかし、どんなに大きな変化の只中にあっても、私は、いつも「最も本質的で永遠の存在」としての自分を常に称《たた》える考えを選びます。私は〈神聖で荘厳な生命〉を表現する存在です。

私は自分に愛を注ぎ、
自分自身の完璧な健康を作り出します

病気に陥ったときは、
貴重な学びを得るチャンスです

健康であることは私にとって自然なことです。心が柔軟であること、新しいことをどんどん吸収し、笑い、変化し、成長を遂げていくこと、これらも私にとって自然なことです。

病気に陥るのは、大抵、人生のある局面で流れに乗って行くことへの

Disease
病気

抵抗や、どうしても許すことができないことと関連しています。私にとって病気・不調は家庭教師のようなものです。物事をより深く理解する足がかりを与えてくれるのです。その足がかりをもとに、今の自分に必要なことを学ぶと、癒しという次の段階へと進みます。この地球上に暮らす誰もが、人生のどこかで癒しを必要としています。私は、愛で自分を包むことにより、心と身体、精神を健康な状態に保っています。自分の心と身体の健康を維持する責任は自分にあるのです。

私は、自分のすることを心地良く感じています

私は楽々と人生の流れに乗って生きています

私は、様々な体験の中で偶然の出会いや発見とともに流れにのって生きています。物事のやり方は無限にあります。例えば、仕事がたくさん片付いたとき、私たちは喜びます。少ししか片付かなかったときも、やはり、私たちは喜びます。全然片付かなかったとしても、それ

でもやはり、喜びます。何をするにせよ、その時には、それが完全なのです。人生には「やらなければならないこと」はありません。やっておくのがベストの場合はあるかもしれません。しかし、そんな場合でも、やるかやらないかの選択権は常に自分にあるのです。人生は冒険です。そして〈宇宙〉はいつも私たちの味方なのです！

私は瞑想し、問いかけます
「私は今、何を知る必要があるのでしょうか？」すると、
その日のうちに答えが返ってきます

すべては神聖な整然とした秩序の下にあります

私は次のことを確信しています。自分のパワーよりもはるかに偉大なパワーが一瞬も滞《とどこお》ることなく私の全身に流れているということ。そし

て、このパワーにオープンになれば、自分が必要としているものをいつでも受け取ることができるということです。これは誰にでも当てはまります。私たちは今、大切なこと学んでいます――それは、〈内なる自分〉に目を向けることも、そして、もっと広い視野で人生を考えてみる事も安全だということです。

期待通りに物事が運ばなかったとしても、それは自分が悪いからでも間違っているからでもありません。それは、進むべき方向を軌道修正する必要があることを伝える〈神聖な導き〉からのシグナルなのです。だから、思い通りに事が進まないときは、静かな場所を見つけてリラックスし、〈内なる知性〉とつながってください。そして、次のようにアファメーションしましょう。「智慧が身体の中から無尽蔵に湧いてきます。そして、私が知るべきことは、一番いいタイミングで明らかになります。」

私の見る夢は愛と喜びに満ちた経験です

マイベッドは私にとって安全な場所です

就寝前にテレビやラジオのニュースを聴くのはやめましょう。大抵は悲惨なニュースです。寝る前にそうしたネガティブな情報をインプットするのはよくないからです。夢には、浄化作用があります。また、現在取り組んでいる仕事や課題に関して、助言やサポートが欲しいときは、夢にお願いするのも一案です。大抵、翌朝までには答えが返って

Dreams

夢

きます。さらに、質の良い睡眠をとるための準備も欠かさないようにしましょう。寝る前に心が落ち着くようなアファメーションをするのがお勧めです。例えば、「私の住む世界は安全です。眠りにつく夜の暗闇の中も安全です。明日は、きっと良い日になります。私の夢は喜びの夢です。朝、目が覚めると、安心感に包まれています。朝、目覚める瞬間が大好きです」。夢を見て目が覚めた時には、夢の内容を教えてくれるよう、心の中でそっとお願いすることにしています。そして、目が覚める時には、メンタル（精神的）に良いスキルの実践から始めてみてください。例えば、ベッドから起き上がる前に、シーツにくるまったまま、心地よいベッドで眠れていること、そして自分は多くの点で恵まれていることに感謝してください。

今の年齢でしか経験できないことを味わうのが大好きです

私は歳を重ねることを楽しんでいます

20世紀初め、平均寿命は49歳でした。それが今では約85歳です。もしかしたら将来125歳になるかもしれません。今こそ、老年期に対するマイナスのイメージを変える時です。老人になれば、皆、病気になって、淋しさと不安を感じながら死んでいく――。そうした固定観念は捨てた方がいいでしょう。

これからは自分の考えをコントロールし、どの世代よりも充実した老年期を堂々と生きる時代です。私は自分のことをバイタリティーに溢れた、活発で健康な、死ぬ間際まで社会に貢献できる人間だと思っています。自分の年齢を気にしたことはありません。私自身が老年期（ゴールデンエイジ）を迎えたときは、〈卓越した老人〉でありたいと願っています。すなわち、いくつになっても輝く人生を送る方法を、自ら率先して世間に示したいと思うのです。私たちは誰も、社会に貢献する能力、孫の世代のために世の中をもっと良くする能力があるのです。

自分を愛すると、
また一段とエネルギーが湧いてきて、
問題解決がスピードアップするのです

私はエネルギーそのものです

身体の中のエネルギーを解放するには、自分の魂が喜ぶことをするのが一番です。自分の生命に宿る愛のエネルギーに意識を向けると、これまで自分を疲弊させていた古い恨みがどこかに消えてしま

Energy
エネルギー

うのです。

私は疲れたら休みます。たまに、何もしないで一日中ボーっと過ごすこともあります。今日は、自分のエネルギーが輝いていて平和です。笑ったり、歌ったり、踊ったりすることは、私にとって自発的で自然な表現です。私は自分が〈神の計画〉の一部であることを知っています。愛に満ち、楽観的で元気のあるパターンが、いつも芽生え、根を張り、成長していく、そのためのスペースを私は内面に作っているのです。ポジティブな態度で、成長に欠かせない栄養を与えながら、自分を大事に育てていきます。

他人の幸せを喜んでください
そして、みんなに行き渡るだけの
幸せが充分あることを知ってください

他人の幸せを願う人ほど
幸せになれます

自分が幸せかどうかは意識の持ち方で決まります。〈無限の知性〉はいつも私にイエスと言ってくれます。そして、私も〈無限の知性〉が与えてくれるものすべてに対してイエスと言って受け取ります。かつてニューヨークを拠点に活動していた有名なキリスト教伝道師のアイク牧師には、こんなエピソードがあります。彼がまだ貧しい駆け出しの伝道師だった頃、高級レストラン、瀟洒《しょうしゃ》な家、高級車のそばを通るたびに、「あれは私のためにある」と大きな声で何度も言ったそうです。私は幸せな光景を目にしたときは、声に出して喜びます。そして、その幸せが私の人生にも訪れたときのために、幸せを受け入れるスペースを自分の中に作っておくのです。自分が持っているものに感謝すると、豊かさがもっと増えていきます。これはモノだけでなく、才能や能力、健康についても言えます。豊かさはいたるところにあります。私はそれを目にするたびに、喜びに浸るのです！

視野を広げることによって、私は限界の壁を簡単に融かすことができます

人生は本来、自由で楽なものです

私たちはどの程度まで、思考の幅を広げ、多面的に物事を見ることが可能なのでしょうか？　人生は本来、もっと自由で楽なはずです。「それは難しいんじゃない？」「どうせ無理でしょ」「失敗したら恥ず

かしいし」「自分にはまだ何か足りない」……。こうした制限的な思考が、人生を窮屈に、難しくしているのです。自分の可能性に蓋をするような考え方を捨てて、新しいことを学ぶ姿勢を持てば、私たちは成長し、良い方向に変わっていくことができます。

「そんなことはわかっている」とわかった風に言う人が必ずいます。しかし、何もかもわかった気でいる人には大きな問題があります。それは、彼らには新しいことを吸収して、成長する余地がないことです。

あなたは自分よりも偉大な〈パワー〉や〈知性〉の存在を心から信じていますか？　それとも、自分こそすべてで、それ以外ではないと思っていますか？　この宇宙にはあなたよりも遥かに偉大で聡明な〈パワー〉と〈知性〉が存在し、しかも、あなたの味方なのです。そこに気が付くと、人生がもっと自由に、楽に導かれていきます。

無条件の愛とは見返りを期待しない純粋な愛のことです

ありのままの自分を愛しています

私は今この瞬間もありのままの自分を愛しています。かつての私は、自分を愛して、受け入れることに抵抗がありました。「自分を愛して、受け入れる？　そのためには、もっと痩せて、仕事を見つけて、恋人を作って、それにもっとお金も稼がなきゃ。それができて初めて、自分を愛して、受け入れられる。」以前の私はそう信じていました。

Expectations

期待

しかし、実際どうだったかというと、痩せて綺麗になっても、お金を稼いでも、一向に自分を愛する気持ちにはなれなかったのです。だから、さらにやるべきことを考えたのです。しかし、何年か経ったある日、「あれもしなきゃ、これもしなきゃ」というプレッシャーから自分を解放し、未来の自分に期待せずに、今の自分を愛することに決めたのです！　その瞬間、全身に力が漲《みなぎ》るのを感じたのを今でも覚えていますす。あるがままの自分を生きることがどれだけ楽しいことか――今もそれを実感しています。

私はこの〈宇宙〉のどこにいても、安心感に包まれています

私は大丈夫

私たちはいつでも、愛を選ぶか、恐れを選ぶかを選択することができます。恐れを感じたときは、私は太陽を思い出すことにしています。時折、雲に隠れることはあっても、太陽は常に明るい光を注いでくれます。太陽と同じように、〈ひとつの無限のパワー〉も私に永遠の光を注いでくれています。時々、頭の中にネガティブ思考の雲が広がり、

Fear
恐れ

一時的にその光をさえぎることがあります。そんなときは、〈ひとつの無限のパワー〉の光を思い出すようにしています。光の中にいると安心感を覚えるからです。そして、何かに恐れを感じたときは、恐れを、ただ空に浮かぶ雲のように通り過ぎさせてあげます。私は恐れに支配されることはありません。私は、自分の身を守る必要に迫られることなく、いつも安心して生きて行けます。また、心から行うことが大事だとわかっています。だから、私の一日は静かに自分の心とつながることから始まります。不安や恐れを感じたときは、いつも心を開き、愛が自然に不安や恐れを溶かしていくのを待ちます。

私は自分を見失ったり、
孤独感に苛まれたり、
見放される心配はありません
なぜなら、私は〈神聖な知性〉の中に
住んでいるからです

あるのはたったひとつの〈知性〉だけです

自分を見失ったときや大切なものを失ったとき、私はパニックに陥る前に、自分の内側にある〈知性〉に身を委ねます。その〈知性〉は〈神聖な心〉の中では何一つ失うものはないことを知っています。この〈知性〉はどこにでも存在します。身の回りのあらゆるものの中、私が探しているものの中、そして、今この瞬間も私自身の中に存在しています。

私は、次のように心の中で唱えます。「この〈知性〉は、今、私が探しているものと一番良いタイミングで対面させてくれます。」

思考が感情を作ります
だから、思考を変えることによって、
あなたの感情を
変えることができるのです

考え方を変えれば、感情は変えられます

自分の感情は自分で癒すことができます。そのためには、自分の本当の気持ちと向き合わなくてはなりません。多くの人は、自分の感

Feelings

感情

情に良い悪いなどの判断を加えます。例えば、実際は怒っているのに、怒るべきではないと判断します。

実は、自分の感情を安全に表現する方法はたくさんあります。例えば、枕を思いっきり叩く、車の中で叫ぶ、ランニングする、テニスをする。あるいは、鏡に向かって、腹の立つ相手や苦手な相手、あなたを傷つけた相手を思い浮かべながら、本音をぶちまけるのも効果的です。思っていたことを洗いざらい喋って、胸のつかえが取れたら、最後はこう締めくくりましょう。「オーケー。これでおしまい。あなたのことは忘れて、水に流します。でも、そもそもこうしたネガティブな感情になった原因は何だろう？　いつも怒らないようにするには、考え方をどう変えればいいのだろう？」生きているこの時間はとても貴重です。さまざまな教訓を学び、それを活かしながら人生を歩んで行く中で、何よりも大切なのは、自分に優しくすることです。

愛があれば、どんな問題も解決することができます

自分を愛すること、それは、私の魔法の杖です

「ありのままのあなたを愛しています」と鏡に映った自分の眼を見ながら、自分自身に語りかけるのは、最初は難しいことかもしれませんが、毎日続けていると、段々できるようになります。今の私の人生は、問題解決しようとしなくても、良い方向に進んでいきます。しかし、

Fixing It
問題解決

かつての私は、何か問題があれば、一刻も早く修正したり解決することに躍起でした。例えば、対人関係、預金残高、上司との関係、自分の健康、創造性……。ところがある日、私は魔法を発見したのです。それは、自分のすべてを心の底から愛することができれば、人生に信じられない奇跡が起こるということを発見したのです。自分を愛せるようになった途端、私を悩ませていた問題が奇跡のように解決し始め、最後には解決すべき問題が何もなくなったのです。それ以来、私は問題解決ではなく、自分を愛すること、そして〈宇宙〉は私が必要とするもの、望むものをすべて私のもとに届けてくれるという〈宇宙〉への信頼に意識を向けるようになったのです。

食べ物は私の良い友人です
私は、栄養と命を与えてくれる
食べ物に感謝します

私は身体に良いものを食べるのが大好きです

身体に良い、栄養豊富な食べ物を摂ると、私の身体が心から喜んでいるのがわかります。自宅、レストラン、キャンプ、ハイキング、会社での昼休み……。どこで食べても同じです。私は自分を愛しています。

Food
食べ物

だから、何を口にするか、それを食べるとどんな気分になるか――。そういったことに、普段から気を付けています。食べるということは身体に燃料を補給し、活動に必要なエネルギーを自分に与えることです。体質は人によって違うので、何を食べるべきかは、私は人にアドバイスすることはできません。健康と活力を維持するために身体が必要としている食べ物は自分で見分けるしかないのです。ファストフードもたまにはいいですが、コーラやケーキ、コンビニで売っている加工食品を日常的に食べるのはどうかと思います。ファストフードには栄養価が低いものが多いからです。栄養に関する基礎知識を身に付けるのは楽しいものです。私は料理が好きで、美味しくて、健康に良い、添加物の少ない自然食品を食べるのが大好きです。

「許すこと」は
私が常に持ち歩いている
癒しのための道具です

私は、喜んで許します

批判、恐れ、罪悪感、恨み、羞恥心という名の重たいコート。それを脱ぎ捨てたときに味わう解放感は格別です。一度そのコートを脱ぐと、自分自身や他人を許すことができるようになります。許すことで、自由になれるのです。私は過去のことをいつまでも引きずって生きるのをやめています。今を生きるために、過去と決別することに決めたのです。また、長い間、過去に縛られて生きてきた自分も許します。どうすれば自分を愛せるのか、どうすれば人を愛せるのか、それがいままでわからなかった自分も許します。誰もが自分の行動に責任があります。自分のしたことは自分に返ってくるからです。だから、私は人を罰する必要を感じません。私たちは皆、自分の意識の法則に影響を受けています。私は、「許せない」という心の部分を一掃していくことに専念します。すると、そこに愛が満たされていき、その時、私は癒されるのです。

私は、これまでにない新しい異なる選択、
もっと自分の支えとなり、
成長の肥やしになるような選択をします

私には思考を選択する自由があります

自分の心を他人に明け渡さない限り、どんな人や場所、物も私の心を支配することはできません。私は常に自分でものを考えています。何をどう考えるかは全部自分で選べます。私には限りない自由があ

Freedom to Choose

選択の自由

ります。いつも不満を口にしたり、自分や周りに腹を立てるのではなく、人生をポジティブに考えることを自分の意思で選択することができます。自分が持っていないものやないものついて不平を言うことも状況に対処する一つの方法かもしれませんが、それでは何も変わりません。どれだけ自分を愛していても、ネガティブな状況に直面することはあります。そんなとき、私はいつも自分にこう語りかけます。「このネガティブな状況をもたらした原因は、私の意識の中にある思考パターンです。私はそれを喜んで手放します」。誰でも過去にネガティブな選択をした経験はあるはずです。だからといって、自分を責める必要はありません。過去の失敗を引きずって生きる必要もありません。過去の思い込みや過去の選択に対する後悔は、その気になればいつでも手放すことができるのです。

私が喜んで
〈人生〉に与えると、
〈人生〉は愛を込めて私に与えてくれます

私は、快く贈り物をし、
快く受け取ります

感謝と受容の心は、強力な磁石のように私たちの日常に奇跡を引き寄せます。誰かに褒められたときは、私は笑顔でお礼を言います。

Giving and Receiving

与えることと受け取ること

褒め言葉は幸せを呼ぶ贈り物です。そのことに気付いて以来、私は褒め言葉を快く受け取ることにしています。今日という日は、〈宇宙〉からの神聖な贈り物です。その中には幸せが詰まっています。だから私は両手を広げ、今日という日が私に与えてくれる幸せを、余すところなく受け取ることにしています。その幸せは昼夜を問わず、受け取ることができます。人生には与えてもらうばかりで、何もお返しできない時期もあります。私自身もこれまで多くの人に助けられてきました。しかし、感謝の気持ちで一杯なのに、そのときは何のお返しもできなかったことがあります。しかし、後で、今度は他の人を助けることができました。これが人生です。私はリラックスして、今ここにある豊かさに喜びと幸せを感じています。

私の目標は、
昨日よりも今日の自分を
もっと愛せるようになることです

私の目標は
「今、このとき」を愛することです

私は、スーパーに行く、会社に行く、旅行に行く、自宅で過ごす……など日々のどんなときにでも愛をこめています。私たちの人生の目

Goals
目標

的のひとつは、世界を癒すことです。そのためにはまず自分自身を癒すことから始めます。自分の世界の中心は自分が今いる場所です。私たちの思考は池のさざ波のようなものです。調和のとれた思考を巡らすことによって、自分の中に調和を生みだすと、そのエネルギーは自分が今いる場所からさざ波のように世界中に広がっていきます。そして、そのエネルギーは、人々、場所、物に触れ、それらは、調和の波動を感じ取り、それに反応します。世界を癒すために私たちにできること、私たち一人一人が愛と調和のエネルギーを世界に放射していきましょう。

私は良いニュースだけをシェアします

私はコミュニケーションの達人です

私はあるとき、ゴシップがどれだけ人を傷つけるかに気付きました。それ以来、人の噂話は金輪際しないと決めたのです。するとどうでしょう。それから3週間、人に話すことが何もなくなってしまったのです。それをきっかけに、人の悪口は言わず、人を褒めることが最善の策であることを学びました。人を褒めれば、相手も自分を褒めてくれます。これが生命の法則です。人の良い面を見るようにすると、良い波動を引き寄せ、その波動はどこへ行っても私に付いて回るのです。私は他人を思いやる時間を持つのが好きです。周りの人たちを元気づけ、鼓舞するようなコミュニケーションが取れたときは最高です。自分がしたことは、自分に返ってきます。それがわかっているので、私は言葉遣いに気を付けています。ネガティブな話を聞いたときは、それをわざわざくり返しません。逆に、ポジティブな話を耳にしたときは、皆にシェアすることにしています。

私は自由であることを大切にしています
だから、人に罪悪感を感じさせることも、
人から罪悪感を感じさせられることも
ありません

私はありのままの自分を愛し、
受け入れます

これは罪悪感を手放すのに効果的なアファメーションです。子どもの頃、親や周りの大人は罪悪感を巧みに利用して、私を躾《しつ》けようとしました。「そんな態度はよくないでしょ」「そんな言い方はやめなさい！」「ダメ、ダメ、ダメ」……。罪悪感を利用して、人をコントロールしようとする点は宗教も同じです。教会の教えに背くような「無作法な振る舞い」をした者は地獄に落ちると脅されるのです。しかし、私は教会とその指導者たちを許します。それに両親と自分自身も許します。何故なら、私たち誰もが罪悪感という名の重たいコートを着せられて生きていて、よくわからない理由で「自分にはまだ何か足りない」と思い込まされていたのです。しかし、それはもう昔のことです。自分のパワーを取り戻すときです！　その手始めとして、私は自分自身を無条件に愛して、受け入れます。

私は、どの瞬間もありのままで素晴らしい存在です

私は自分の良さを認めています

頭痛を引き起こす原因のひとつが、「自分は間違っている」と自分を責める精神状態に陥ることです。皆さんも今度、頭痛がしたら、自分に問いかけてみてください。「なぜ、こんなに自分を悪者扱いしているのだろう？」「いったい何をしたことで、こんなに自分を責めているんだろう？」。私はこれまでの人生で、内なる自分と対話することの

Headaches

頭痛

大切さを学んできました。「私にはまだ何か足りない」とか「私は間違ったことをしている」などといったネガティブな考えが頭をよぎったときは、自分が子どもの頃の思考パターンに陥っているときです。そんなときは、自分自身とインナーチャイルドに愛を込めて語りかけます。そして、自己批判はやめて、自分自身に愛情を注ぎ、自分の良さを認めることにします。また、何かに対してプレッシャーを感じたときは、プレッシャーを味方にする方法を探し、自分自身を認めていくことをします。

私は心身共に
平穏で、健康で、幸せです

健康であることは
私の〈神聖な権利〉です

私は〈宇宙〉に存在する癒しのエネルギーをすべて受け取る準備ができています。一つ一つの細胞には知性と自己治癒力が備わっています。そして私の身体は完全な健康を維持するために、日夜働き続けています。私の完全な癒しを妨げるものはすべて、今、手放します。

Healing

癒し

栄養について学び、体に良いもの、健康に良いものを摂るようにしています。それに加えて、常に健全な思考を心掛けています。具体的には、憎しみ、嫉妬、怒り、恐れ、自己憐憫、羞恥心、罪悪感といったネガティブな感情が湧いたら、すぐに手放します。また、過去に私を傷つけた人たちを許すことにしました。そして、人を傷つけてしまった自分や自分自身に充分な愛情を注げなかった過去の自分に対しても許すことにしたのです。私は自分の身体を愛しています。私は、内臓、骨、筋肉、そして身体の部位すべてに愛を送り、細胞を愛で満たしています。今までずっと私の健康を維持してくれた身体に感謝し、今、この瞬間も、私は癒しと健康を受け取ります。

自分も他人も愛することで、私はなりたい自分になれるのです

私は常に最高の善のために働いています

私は創造主と一緒にさまざまなものを創造しています。その創造主が私に求める唯一のことは私が最高の善を経験し、表現することです。私は、〈本当の自分〉を大切にし、〈本当の自分〉にすべてのコントロールを委ねるようにしています。こうすることが自分を本当に愛

することにつながるからです。心の底から本当の自分を愛することで、より大きな可能性、自由、喜び、そして、思いがけない奇跡への扉が日々開かれるのです。私の〈最高の善〉には、自分だけでなく、他人の最高の善も含まれます。これが、真実の愛に満ちた行為なのです。

私の内なる家も
実際に住んでいる家も、
美しさと平和の場所です

私の心は私の家です

私は自分の心の中にある家に住んでいます。だから、どこに住もうと、私の心と家はいつも一緒です。自分を愛するようになると、私たち自身が安全で居心地の良い家を与えていることに気付きます。私たちの身体にくつろぎ始めます。自分の家は自分の心を映す鏡で、自分をどれだけ大切にしているかを映しています。もしあなたの家の中が災害現場のように色んなモノが散乱していて、どこから片付ければいいのかわからない場合は、まずは部屋の片隅から始めるといいでしょう。ちょうど、心の持ち方を変えるのと同じで、一度に一つずつ変えていきましょう。そうすれば、最終的に家全体が片付きます。家の中を掃除することは、心の部屋を掃除することでもあるのです。

私は定期的に
心の部屋を掃除しています

ちょっとした家事でも、
やってみれば楽しく、気持ちが良いものです

私は家事をするときは、楽しんでやっています。直観的に思い立ったところから始めて、部屋を回ります。台所の生ゴミを捨て、大切にしている家具や調度品にたまったホコリを払って磨きます。

誰にでもその人なりの信念があります。それはたとえて言うなら、

Housekeeping
家事

座り心地の良い、身体に馴染んだ読書椅子のようなもので、私たちは、何回でも、その信念の中に座り続けています。私たちが経験することは私たちの信念が作りだします。素晴らしい経験を作りだす信念もあれば、中には、そうでないものもあります。後者の信念は、長年使って古い椅子のようなもので、そろそろお役御免なのはわかっていても、愛着があるのでなかなか捨てる気にならないのです。私は、古い信念は捨てて、生活の質が飛躍的に向上するような新しい信念を選ぶことができます。古い信念を捨てることは家を掃除するのと同じです。こまめにしないと、家じゅうが不要なモノで溢れ、いつか住めなくなってしまいます。かといって、一日中、掃除にあけくれる必要はありません。定期的にすればいいのです。私は実際に住む家の部屋も心の中にある部屋も定期的に綺麗にして、愛で満たすようにしています。

私は自分の資質と知識を世の中のために役立てます

必要なモノはすでに全部揃っています

今、飢餓や貧困、苦しみへの古い扉は閉じていき、すべての資源を再分配していくという新しい扉が開きつつあるように思えます。この地球上には信じられないくらいの豊かさに溢れていて、実際、全人口を賄えるだけの食糧は充分あるのです。しかし、それにも関わらず、飢餓は依然として大きな問題となっています。問題は食糧の不足ではありません。愛が不足しているのです。不足が存在していると信じている意識、そして、自分は良い人生に値しないと感じている人々の意識が問題なのです。今こそ、皆が協力して、地球上の人々の意識を高める必要があります。一時的な食糧支援だけでは根本的な解決にはなりません。人に魚を与えれば一日で食べてしまいますが、釣り方を教えれば一生食べていけるのです。

私の思考が免疫力を維持し、高めてくれます

私の身体には知性があります

私にとって、自分自身に〈無条件の愛〉を注ぐことは、日を追うごとに簡単になっています。何を選択するかは自分の意識がどこに向いているかに左右されると私は信じています。

「やっぱり人生は厳しい。自分はいつだって損な役回りを引き受けている」とか「自分はどうせ何をやってもダメ。だから、努力したって無

駄」というふうに考えたとします。すると、私の免疫系はそうした自己否定的な考え方や気分をキャッチし、記録します。その結果、免疫が低下し、周りの「ばい菌」や「ウイルス」の侵入を受けやすくなるのです。逆に、「人生は楽しい。私は誰からも愛されている。どんな願いも必ず叶う」と前向きに考えると、免疫が高まり、身体は病気を簡単に撃退してくれるのです。

インナーワークは
生活の質の向上に役立ちます

私は、生活の質を向上させてくれる
新しいアイデアを1日1個
見つけることにしています

私の中には、驚くほど複雑な信念の構造があります。私は今、自分が直面している表面的な課題の背後にある愛にたどり着く方法を学んでいるところです。そのために、学び、成長し、変わっていく自分自身を温かく、辛抱強く見守るようにしています。内なる自分と調和を保っているときは、流れに身を任せて生きることがずっと簡単に感じます。誰もが知っておくべき大事なことがあります。それは、自分自身を悪く見ることなく自分を変えられるということです。私は長い間、自分を変えるには、何か自分に問題がある、今の自分は間違っていると感じる必要があると思い込んでいました。しかし、ある時、それは違うことに気が付いたのです。そういった自己否定をくり返していると、自分を変えることがますます難しくなるのです。逆に、愛を込めて自分自身を受け入れると、以前よりも速いスピードで、自分が望むポジティブな変化が起きます。向上や成長は、結局、自然なことなのです。

私は、自分自身の〈人生〉の表現者です

私は、自分が持っている素晴らしい輝きを放っています

私は、〈内なる星〉に従い、自分にしかない輝きを放っています。私はこの世でかけがえのない〈存在〉です。私には美しい魂、肉体、そして個性があります。しかし、私の中心は魂です。私の魂は私の一部であり、魂は永遠です。これは未来永劫変わることはありません。私

Individuality

個性

の魂は多くの個性を身に纏ってきました。そしてこれから先も、もっと多くの個性を身に纏うでしょう。如何なる者も私の魂を傷つけたり、汚すことはできません。私の魂は、人生経験によって、円熟味を増していくのみです。人生には理解できていないことの方が圧倒的に多いのです。すべての答えを知ることはできないでしょう。しかし、人生の仕組みを理解すればするほど、必要なパワーや気力がますます湧いてくるのです。

私はさまざまな学びを簡単で楽しいものと考えています

私は学ぶことが好きです

個々の教訓の背後には必ず愛が隠れています。私たちはさまざまな教訓を学ぶためにこの世に生まれてきました。私は、思考と経験の関係について学んでいます。そのために、私は自分の持てる知識と理解力を総動員しているところです。教訓を学ぼうとする姿勢は、自分を変えようとする意欲の表れです。私の〈高次の霊的自己〉は不変であり、永遠です。だから、時間と共に変化するのは、私が一時的に纏っているこの肉体だけです。自分を変えるのは難しい、と私は子どもの頃から教え込まれてきました。しかし、今では、二つの選択肢があることを知っています。それは、自分を変えるのは難しいという考えに同調するか、それとも、自分が変わることは簡単だと信じるか、そのどちらかです。抵抗したり、否定したり、怒ったり、自分の世界に閉じこもることもできますが、最後にはその教訓から学ぶことになるでしょう。

新たな素晴らしい経験が
私の人生に訪れようとしています
私は守られています

私は物事の良い面に
意識を向けます

どんな状況でも必ず良い面はあります。たとえ最悪の状況の中にも、わずかでも良い面が見つかるものです。失業、大切な人の死、病気などを経験したとき、私は否応なく大きな不安と恐怖に直面します。こうした不安や恐れを感じるのは人間として当たり前のことです。その一方で、「自然は真空を嫌う」ことを私は知っています。すなわち、一つの事が去ると、別の何かが入ってきます。だから、喪失感に苛まれたときは、私は1回深呼吸(あるいは6回)をして次のようにアファメーションします。「私は人生を信頼しています。なぜなら、人生はいつでも私に必要なものを与えてくれるからです。」私は、人生を信頼することを学んでいます。私は人生に愛されています。私が人生に落胆することはありません。起きることはすべて、私に最高の善をもたらすために、人生が用意してくれたことなのです。

私は愛を分かち合うことに、
喜びを感じます

私は惜しみなく
愛を分かち合います

私の奥深いところにある心の泉からは、愛が無限に湧き出ています。その愛は無尽蔵です。今世で使い果たすことはできません。だから、私はいつでも愛を惜しみなく与えることができるのです。愛は伝染します。愛を分かち合うと、それは何倍にもなって返ってきます。与えれば与えるほど、自分の中に愛がたまっていくのです。私がこの世に生まれてきた理由――それは、愛を与えるためです。私は、愛に溢れてこの世に生まれてきました。だから、人生最期の日まで愛を与え続けても、この世を去るときは、きっと私の心は充実感と幸福感に満たされているでしょう。愛されるためには、まず自分から愛することです。愛ある故に我在り。

私の高次の自己〈ハイヤーセルフ〉は
人に操られたり、
罪を犯すことはありません

私の高次の自己が、
私の人生を導いています

私がこの世に生まれてきたのは、人を喜ばすためでも、人と同じ人生を送ることでもありません。どうすれば自他共に無条件に愛せるよ

Manipulation

人を操ること

うになるのか――。それを知るために生まれてきたのです。誰も私の同意なしに、私を意のままに操ることはできません。しかし、自分自身が何者なのかがわかっていないと、他人が望む人生を歩むことになってしまいます。だから、私は自分のことをよく知りたいと常に思っています。他人の感情に自分を無理やり合わせる必要はありません。また逆に、私が自分の感情に合うように、他人の感情を操作する必要もありません。もし誰かに心を操られそうになったら、私はインナーチャイルドとつながり、こう語りかけます。「私はあなたを愛しています。力を合わせて、一緒にこの状況を乗り越えていきましょう。」そして、〈ハイヤーセルフ〉とつながることによって、愛と智慧を受け取ります。

私は瞑想する時間を大事にしています

私が求めている智慧は自分の中にあります

私は少なくとも1日1回は、静かに座って瞑想し、内側にある智慧と知識につながります。私が知りたいことの答えはすべてこの智慧と知識の中にあり、私を待ってくれているのです。瞑想するのは楽しいものです。静かに座って、深呼吸し、リラックスして、自分の中の平穏

Meditation

瞑想

な場所に向かいます。しばらくそこに居た後、私の意識はまた「今」に戻ります。瞑想した後は、リフレッシュして、生まれ変わったような気分になります。私にとって、毎日が喜びに満ちた、新しい冒険となります。なぜなら、内なる智慧に耳を傾けるからです。内なる智慧はいつでも利用可能です。その智慧はどこからやって来るかというと、宇宙が織りなす時間、空間、変化の背後にある本質的存在から湧いてくるのです。私は瞑想によって、心の奥底にいる不変の自己とつながることができます。不変の自己とつながると、私はエネルギーであり、光であること、そして、答えはすでに自分自身の中にあるということがわかります。今ここにいる私は〈永遠の存在〉なのです。

お金に対する考え方が変われば、お金の流れも変わります。豊かさに意識を向ければ、豊かさが流れてきます

私は金銭的にも豊かです

「お金の心配なんかしたことがない」と平然と言う人を見ると、何となく腹立たしさを覚えることがあります。お金に関する信念や思い込みは潜在意識に刷り込まれています。だから、お金について話すときは、必ずと言っていいほど皆、感情的になります。ただ、お金に関する自分の「本音」を理解しておくことは大切です。その方法のひとつとして、次のような方法があります。まず、鏡に映った自分に向かって「お金に関する私の一番の悩みは○○です」と言います。その

後、リラックスして、心の声が聞こえるのを待ちます。例えば、こんな声が聞こえてくるかもしれません。「このままじゃ生活して行けない」「きっと自分も父親と同じように貧乏になるんだ」「飢え死にするか、ホームレスになるしかない」……。聞こえた声をそのままノートに書き留めて、自分の考えを文字にしてみましょう。それを見て、「自分はこんなふうに考えていたのか……どうりで豊かになれないはずだ」と思うかもしれません。ここで大事なのは、お金の流れをブロックしているのは、あなた自身の考え方に影響されているということに気付くことです。そして、その考え方を少しずつ修正していくことです。例えば、「いつか飢え死にする」という考えを堂々巡りさせるのではなく、「私は〈宇宙〉に守られています。必要なものはすべて与えられます。私はこれからたくさんお金を稼ぐことを自分に許可します」のような新しい考え方を取り入れて、自分自身を愛することから始めます。

私は大切な人の死を穏やかに受け止めます

私は悲しみのプロセスを穏やかに受け入れます

大切な人が亡くなったとき、その死を嘆き悲しみ、やっと心の整理がつくまでには最低1年はかかります。追悼する際に、私にとって欠かせないことは、生前、故人と一緒に過ごした特別な休暇を回想することです。私はじっくり時間をかけて、愛する人の死を悼みます。

Mourning
哀悼

それは人間にとって極めて自然なプロセスです。自分に優しくしながら、気が済むまで、悲しむだけ悲しみます。そうすれば、1年経つと、悲しみが和らぎ始めます。考えてみると、そもそも、私は誰かを失うことはできません。なぜなら、もともと誰も私のものではないからです。大切な人がこの世を去っても、瞬く間に、私はその人の魂とつながります。私は今、愛に包まれているのを感じています。愛する人の魂が今どこにいようと、私はその魂を愛で包みます。皆、いつかは死にます。木も動物も鳥も川も、そして夜空に輝く星でさえ、誕生と死をくり返すのです。そしてもちろん私自身も同じです。生きとし生けるものすべてに、死は各々にとって完璧なタイミングで訪れるのです。

私は、喜んで新しい考え方を取り入れます

今が新たな出発点です

古い考えにとらわれて、なかなか新しい考えを取り入れられないことはよくあります。迷ったときは結論を急がずに、根気よく自分自身と向き合うことが大切です。踏ん切りがつかない自分を責めても、行き詰まりを感じてストレスが溜まるだけです。それよりも自信を持つことが大事です。あなたが口にした言葉や考えたことはどれも

New Outlooks

新たな展望

アファメーションです。是非、自分の思考と言葉遣いに意識を向けてみましょう。もしかしたら、その多くがネガティブな方向に傾いているかもしれません。多くの人が、ネガティブなものの見方をする傾向にあります。例えば、雨の日に「まあ、なんて憂うつな日なんでしょう」と口にします。しかし実際は、憂うつな日などというものはありません。ただ雨が降っているだけです。ちょっと見方を変えるだけで、憂うつな日も素敵な一日にすることができます。大切なのは、古いネガティブなものの見方を捨て、新しいポジティブな見方を意識して心掛けることです。

私は良いニュースを広めます

私は、いつもポジティブな面を想像します

毎日、ニュースで報道されるのは悲惨な出来事や暗い話題がほとんどです。暗いニュースが私たちの意識に洪水のように押し寄せてきます。だから、一日中、ニュースを聞いていると、怖くなって当然です。私は随分前に、新聞を読むのをやめました。私が知るべきニュースがあれば、誰かが知らせてくれます。メディアにとっては、商品であるニュー

スを売ることが第一の目的です。その目的を達成するために、わざと最悪のシナリオを提示して、読者や視聴者の関心を引こうとするのです。報道されるニュース全体の少なくとも75%が明るいニュースになるまでは、私はメディアをボイコットしてもいいと思っています。明るいニュースが増えれば、人生をもっとポジティブに捉える人が増えて、社会全体が明るくなるはずです。手始めに、新聞社、出版社、テレビ局にもっとポジティブなニュース報道に力を入れるよう書面で要望してみてはどうでしょう？　あるいは、皆で一緒に、ポジティブなニュースに接している場面をリアルに想像してみるのもいいでしょう。それと同時に、ネガティブなニュースの中に隠れている「愛を求める叫び」に耳を傾けることもできるのです。

私は愛情を込めて自分の身体を労《いた》わります

私は自分に愛という栄養を与えます

私は必要な栄養をしっかり摂ることで、自分の身体を大切にケアしています。また、普段から栄養について学んでいます。かけがえのない自分の身体を大事にしたいからです。人間の身体や体質は人それぞれ異なります。だから、自分の身体が最も効率よく栄養を吸収できる食べ物は何か――それを知ることが大切だと思います。そのため

Nutrition

栄養

には食品・飲料に関してあらゆることを勉強しています。自分が食べるものや飲むものには普段から気を付けています。自分の身体に合わないものを食べたり飲んだりしたときはすぐにわかります。例えば、何かを食べて、1時間後に眠たくなったら、その食べ物は、その時の私に合わないのです。私は良質のエネルギーを摂取できる食品や飲料を常に探しています。食事の席では、食べられることに愛を込めて感謝します。私は栄養が満ち足り、健康で、幸せで、精神的にも充実しています。

私は「年を重ねることが心地良い」と感じるような生き方を選びます

私にとって、今が一番素敵な年齢です

私にとっては毎年が特別な、貴重な年です。その年にしか経験できない感動が詰まっているからです。子どもには子どもの良さがあり、年寄りには年寄りの良さがあります。しかし残念なことに、先進国といわれるほとんどの国の文化は年を取ることを極端に怖がります。

そうした文化を育んできたのは他でもない私たち自身です。しかし、誰でも年を取りますし、それは自然なことです。若さを崇拝する社会や風潮はすべての年齢層に弊害をもたらします。

私は年を重ねるのが楽しみです。年を取ったからといって、必ず病気になったり、虚弱体質になるわけではありません。死ぬ間際まで病院で延命治療を受けたり、老人ホームでつらい思いをしながら生きる必要もないのです。この世を去る時が来たら、私は穏やかに行くつもりです。例えば、ベッドに横になって、居眠りしている間に、穏やかに死を迎える——。そんな最期を迎えることができれば最高です。

あなたの中の古い録音テープ、両親からの声を「あなたは、なんて素晴らしい人なんだろう」にしてください

私は〈今〉を生きています

かつて私の人生を支配していたもの――それは子どもの頃、両親から聞かされたことをすべて記憶として録音された古いテープです。といっても、実際にテープが残っているわけではありません。比喩的な意味でのテープです。ほとんどの人にとって、そこに記録されたデータは約2万5千時間にも及ぶそうです。そして中身は大抵、ネガティブなメッセージです。具体的には、我が子を批判する言葉や「でなけ

Old Tapes
古い録音テープ

ればならない」「こうあるべきだ」といったメッセージです。大人になった今、私はネガティブなメッセージを消去し、ポジティブなメッセージを録音し直しています。私は自分の内なる考えに耳を傾け、自分自身を不安に陥れるような考え方に気付いたときは、直ちに消去することにしています。皆さんの記憶の中にも、もしこうした古い録音テープがあれば、ポジティブなものに書き換えることをお勧めします。

古いネガティブな考え方に従順に耳を傾ける必要はありません。私自身、自分は有能であると思っています。人から愛される価値があると思っています。素晴らしい人生を送る価値があると思っています。私には、ここに存在している目的があります。私には古い録音テープを新しいものと交換するパワーがあります。古い録音テープに記録されたネガティブなメッセージは、私という〈存在〉の真の姿を表現したものではないのです。

私は整理整頓と秩序を大切にしています

私に必要なものはすべて手元にあります

必要なものがすぐに見つかるように、家の中を整理整頓しておくのは気持ちの良いものです。天空に輝く星、クローゼットの洋服、引き出しの書類――すべては〈神聖な整然とした秩序〉の下にあります。

私は運動と心のトレーニングを日課にしています。そうした、自分なりの「決まった儀式」が好きなのです。生活習慣に秩序があると、創造的にものを考える時間ができて、新たな洞察を得やすくなります。日課をこなすときは、あまり肩肘張らず、短い時間で楽しくやるのがコツです。日課をこなすことは、自分の今世の目的を果たすことにもつながります。私は〈神の計画〉の一部です。すべては完璧な秩序の下にあるのです。

愛は痛みを解消してくれます

私は、罰する考え方を許しの考えに置き換えます

私は痛みを感じずに生きる方法を〈ハイヤーセルフ〉から教わりました。その方法を一言で言うと、痛みは目覚まし時計のアラームのようなものだと考えることです。具体的には、痛みを感じたときは、「内なる智慧に目覚めなさい」というシグナルと捉えるのです。私は今それを、理屈ではなく、実際にできるように努力しているところです。

Pain
痛み

私は痛みを感じたとき、すぐにメンタル・ワークを始めます。具体的に言うと、「痛み」という言葉を「感覚」という言葉に置き換えるのです。私の身体はたくさんの「感覚」を感じています。そして、言葉遣いを少し変えるだけで、痛みそのものではなく、癒しに意識を集中させやすくなります。そうすると、痛みが癒えるスピードがアップするのです。心の持ち方をほんの少し変えることで、身体も心と同じ方向に変わっていくのです。私は自分の心と身体を大切にしています。心と身体は密接に関係していることに私は感謝しています。

親自身も
子どものときがあったのです

両親は、
素晴らしい存在です

経済的にも精神的にも自立し、自分の頭で考えて生きていく——。私にとって、その時が来たと感じています。それはまた、両親が私に与えることができなかったものを自分で自分自身に与える時でもあります。

Parents
両親

両親が子どもだった頃の生活事情を知れば知るほど、親はさまざまな制約の下で生きていたことがよくわかります。当時は親としてのあり方を教えてくれる人は周りに誰もいませんでした。それは両親の親、つまり私の祖父母の時代も同じでした。成人してからも、親との関係に悩む人は少なくありません。私たちにできる一番良いことは、ありのままの両親を愛することです。そして、両親もありのままの自分を愛していると肯定することです。自分を生んで育ててくれた両親に愛を込めて感謝し、両親にとって有意義な幸せが訪れることを願っています。

すべてはうまくいっています
自分にとって必要なものは
すべて揃っています

私には時間がたっぷりあります

私はたまにせっかちになることがあります。どんなときかと言うと、目の前に学ぶべきことがあって、でもそれに時間をかけたくない、今すぐ学んでしまいたいと思ったときです。「その場かぎりの満足だけ

Patience
忍耐

では、充分ではない」と聞いたことがあるのですが、人生で学ぶべきこと、知るべきことはたくさんあります。忍耐あるいは根気とは、人生のプロセスに関して平和でいること、そうすれば、すべては完璧なタイミングで起きることがわかります。

もし何かをやり切ったという感じがしない場合は、自分が知るべきこと、やるべきことがまだあるということです。「急がば回れ」と言うように、どんなときも、焦らず根気よく学ぶ姿勢が大事です。

だから、「先へ、先へ」という意識が強くなり過ぎたときは、私は深呼吸して、内なる自分に「今、私が知るべきことは何ですか？」と尋ねるようにしています。そして、根気よく待っていると、自分の周りにある答えや助けを受け取ることができるのです。

私は平和な人生を選びます

平和は私から始まります

平和な世界で暮らしたいと思うなら、まず自分自身が平和な人でなければなりません。他人がどう振る舞おうと、私はいつも心の中に平和を保っています。混沌や狂気の只中にあっても、私は平和を宣言します。あらゆる困難な状況にも愛と平和のエネルギーで囲みます。そして、世界中の紛争地域に平和が訪れるよう祈ります。

世界が良い方向に変わっていくことを望むなら、まず自分自身の世界に対する見方を変える必要があります。私は、物事をもっとポジティブに捉えようと思います。平和を築く第一歩は、まず自分自身の平和な考えからはじまります。私が、平和な考えを持ち続けていれば、いつの間にか自分と同じように平和を愛する人たちとつながります。そうすれば、共に力を合わせて、この世界に平和と豊かさをもたらすために貢献できるのです。

私の人生はとても
深いレベルで
秩序を保っています

宇宙は完璧な秩序を
保っています

星、月、太陽はいずれも完璧で神聖な、整然とした秩序を保って運行していています。宇宙の天体の運行には秩序、リズム、そして目的があり

Perfect Order

完璧な秩序

ます。

ということは、〈宇宙〉の一部である私の人生にも秩序、リズム、目的があるということです。私はこれまで、人生で何度か混沌とした時期を経験しました。しかしその度に、混沌の背後には神聖な秩序があることを学んできました。心を整え、混迷から教訓を学ぶと、混沌とした時期は過ぎ、秩序が戻ります。

私は確信していることがあります。それは、私の人生は完璧で神聖な、整然とした秩序があるということです。私の人生はすべてうまくいっているのです。

私たちは、
人間であることを体験している
素晴らしいスピリチュアルな存在です

私は宇宙と調和した、
完璧な存在です

赤ちゃんが「私のお尻は大きすぎる」とか「私の鼻は長すぎる」などと文句を言うことはありません。なぜなら、自分は完璧な存在であ

Perfection
完璧

ることを知っているからです。

私たち大人も生まれたばかりの頃は、皆そうだったのです。かつては、自分は完璧な存在であることをごく当たり前に受け入れていました。しかし、大人に成長するにつれて、自分が完全であることを疑うようになり、完璧さを求めるようになったのです。しかし、自分はすでに完璧である以上、完璧になることはできません。

できることはただひとつ、完璧な自分を受け入れることです。私たちは完璧な自分を追い求めるので、さまざまなストレスや緊張を経験するのです。しかし実際は、私たちは、今のままで何も問題ないのです。

だからここでもう一度、アファメーションして、再認識しましょう。「私は〈神聖で荘厳な生命の現れ〉です。私の人生はすべてうまくいっています」

私には癒された地球、
宇宙と調和した地球が見えます
そこではすべての人々が衣食住に
困ることなく、幸せに暮らしています

すべての人にとって
最善となる肯定的な解決策があると
確信しています

地球を癒すために、一人の人間として私にできることはたくさんあります。例えば、ある時は、慈善事業に寄付したり、ボランティア活動に参加する、またある時は、思考のパワーを使って地球の癒しに貢献することもできます。事故や災害などの惨事、無分別な暴力行為を伝えるニュースに触れたとき、私は自分の心をポジティブな方向に向けるようにしています。なぜなら、加害者に怒りをぶつけても、癒すことにはならないからです。だから、悲惨なニュースに触れたとき、私は真っ先に、関係するすべての状況を愛で包み、「この体験から必ず良いことがおこる」とアファメーションします。それから、関係するすべての人々にポジティブなエネルギーを送り、最善の解決策によって、迅速に事態が収束した場面を鮮明にイメージします。私は悪事を働いた人にも愛を送ります。そして、彼らが、心の中にある愛や思いやりに目覚め、癒されることを祈ってアファメーションします。なぜなら、私たち皆が癒されて宇宙と調和したときに初めて、この世界に癒しが訪れるからです。

私はこの地球を愛しています

私たちが暮らす
この美しい地球に感謝します

人類にとって地球は賢明な愛情深い母のような存在です。私たちが望むもの、生きていくために必要なものをすべて与えてくれます――水、空気、食料、同胞としての人類、無限の多様性を持つ動植物や鳥、魚、息を呑むような美しい自然。こうした地球の恵みをいただいて、私たちは生きているのです。しかし、ここ数十年、人間は地球を粗末に扱ってきました。例えば、限りある天然資源を使い果たしつつあります。また、無駄にゴミを捨て環境汚染を招いてきています。このまま地球を壊すような行為を続ければ、将来、人間が住む場所はなくなるでしょう。

私は、地球を大切にすることと、生活の質を向上させることに真剣に取り組んできました。例えば、家庭で出る生ゴミを堆肥化し、それを使って自宅で有機肥料栽培をしています。この地球を少しでも住みやすい、安全な場所にするために、私は努力を惜しみません。毎日、平和な地球をイメージしながら、静かに過ごす時間を大切にしています。クリーンな、健全な地球環境を実現するために、世界中の人々が心を開いて話し合い一致団結している様子を心に描きます。一人一人が行動を起こせば、それは充分実現可能なのです。

大切なのは、
今この瞬間を精一杯生きること
そして、自分のパワーを信じることです

私は自分のパワーを信じています

あなたには自分の人生を癒すパワーがあります。そのことは是非知っておいて欲しいのです。私たちは、自分は無力だと感じることはよくあります。しかし実際は、決して無力などではないのです。なぜ

Power
パワー

なら、私たちには「心のパワー」があるからです。

あなたは自分の心を使って、被害者意識に浸ろうとしていませんか？四六時中、自分に腹を立てたり、誰かに不満をぶつけていませんか？自分には人生を変える力なんてないと思い込んでいませんか——？

もしそうだとしたら、それは自分のパワーを放棄しているのと同じです。あなたには心のパワーという頼もしいツールがあるのです。そのパワーを信頼し、意識して使うようにしましょう。心のパワーを使えば、最善の結果につながる考え方を選択することができます。あなたは、自分の創造主である〈ひとつのパワーと知性〉にいつもつながっています。だから、それを感じて、その助けを使ってください。創造主はいつも、そこにいます。

私たちはひとつです

愛には、あらゆる違いを超えて、人々の心をひとつにする力があります

この地球上の新しいエネルギーは愛です。私は、日々、心を開いて過ごしています。なぜなら、世界は家族であり、人類は皆、親戚と感じるからです。国籍、肌の色、宗教などの違いに関係なく、人類は〈ひとつのパワー〉につながっています。そして、生きていくために必要なものはすべてそこから供給されているのです。

Prejudice
偏見

私は地球家族の一人一人と心温まる、愛に溢れた、オープンなコミュニケーションを取っています。この世界には、生き方や価値観、年齢、性的指向、肌の色など、さまざまな違いを持った人々がいます。しかし、私は、地球家族の一人なのです。お互いの立場や意見の違いがあるというのは素晴らしいことです。表現の仕方や意見の相違がもとで、どちらかに加担したり、戦争に発展する理由にはなりません。

私自身も含め、一人一人が偏見や先入観を捨てると、地球全体に祝福と平和がもたらされます。安心して、お互いを慈しみ、大切にし合える世界を創るために、今日も、私は心をもう少しオープンにしていきます。

私には今世の目的があります

私の人生の目的は、誰に対しても無条件の愛を注ぐことを学ぶことです

今この時代に生きているということは、〈宇宙〉と自己を探求し経験する、願ってもいないチャンスなのです。ある意味、自己というのはままだ見ぬフロンティアです。私は〈限界のある自分〉についてはもう知り尽くしました。だからこれからは、〈限界のない自分〉に出会うのが

Purpose
目的

楽しみです。心を落ち着けて、自分のセンターと繋がったとき、本当の自分は、パーソナリティ（表面的な人格）、人生の諸問題、不安や恐れ、病気といった移り変わるものによって与えられる表面的な自己以上の存在だということがわかってきます。そのことがわかるにつれ、私の人生の目的が明瞭になっていきます。本当の自分（真の自己）は、霊魂、光、エネルギー、そして愛です。私には、目的を持って有意義な人生を送るパワーがあります。たとえ、思ったほど本来の力を発揮できていないということがあっても、それでも、自分は精一杯、よくやっていると思います。私は自分を愛しています。そして、今こうして生きていることに感謝しています。

あらゆる経験が私の人生に
深みと豊かさをもたらしてくれます

私は、自分のすべてを
受け入れています

人生は神聖なものです。私はいつの頃の自分に対しても愛おしさを感じます——赤ん坊の頃の自分、子どもの頃の自分、10代の頃の自分、大人になりたての頃の自分、大人になった自分、そして未来の自分。恥ずかしい思い出や過去の過ち、傷ついた言葉——こうした経験

Rejection
拒絶

もすべて私の人生の物語の一部として心から受け入れます。私の人生の物語には成功も失敗も、間違いも真の洞察も含まれます。そして、その貴重な経験の一つ一つが、どのように役立っているか明らかでなくても、必ず人生の肥やしになっているのです。私と同じようにつらい過去を持つ人の中には、私の経験談に触れることによって、自分の苦しみと向き合えるようになる人もいます。また、私が、誰かに苦しみを打ち明けられたときは、思いやりの心を持って、相手の話に耳を傾けることができます。最近は、その思いやりを自分自身にも向けています。長所も短所も、自分のすべてを受け入れる。そうすれば、リラックスして人生を楽しむことができます。

私が一番良い人間関係を保っている相手は私自身です

私には、愛を受け入れるスペースがあります

良好な人間関係を築いたり、幸せな結婚生活を送ることは素晴らしいことです。しかし残念ながら、そうした関係は一時的なものです。なぜなら、どんな関係もいつかは終わるときが来るからです。永遠に一緒にいられるのは自分だけです。自分との人間関係は永遠に続く

のです。だから、私の親友は私自身です。私は毎日、静かに自分の心とつながる時間を大切にしています。その時間は、心が落ち着き、自分の愛が全身に行き渡るのを感じます。その愛は不安や罪悪感を溶かしてくれます。文字通り、愛が細胞の一つ一つに染み渡る感じがします。私はいつも〈宇宙〉とつながっています。〈宇宙〉は生きとし生けるものに無条件の愛を注いでくれます。この無条件の愛に満ちた〈宇宙〉は私の〈創造主〉です。そして、それは、いつも私に寄り添ってくれます。自分の中に愛を迎え入れる安全な場所ができると、それに呼応するかのように、愛のある人や経験を引き寄せるのです。

人間関係は、こうあるべきだという固定観念を手放す時です。

新しく始めた習慣は
どれも私をポジティブに
サポートしてくれます

私は完璧主義を手放します

古い習慣や考え方を手放そうと決めた途端に色々問題が起きてしまうことがあります。最近は、そうした問題には、愛を求めている自分自身の心の奥底から発しているメッセージと解釈しています。私は

Releasing Habits
習慣を捨てる

不安や恐れを感じたときは、それを手放せるよう〈宇宙〉に助けを求め、新しい理解へと自分自身を導いていきます。私は今、自分のネガティブな習慣や信念にも愛を持って向き合うことを学んでいます。以前の私は「ネガティブな習慣はすぐに捨てなきゃ」と思っていました。しかし今では、これまで身に付けた習慣はすべて、人生の目的を達成するために必要だったのだと思うようになりました。だから、私は、古い習慣を手放すときは愛を込めて手放し、もっとポジティブな方法で人生の目的を達成します。

私の信仰は愛に基づいています

私は自分の創造主とつながっています

〈ひとつの無限の知性〉とのつながりを感じると、それだけで心が安定し、安心感に包まれます。〈ひとつの無限の知性〉とは、私を含め、〈宇宙〉に存在する万物を創造した〈永遠のパワー〉のことです。私は自分の中にこのパワーを感じます。私の全神経と全細胞はこのパワーを善なるものと認識しています。既存の宗教の教えがどうであれ、〈私自身〉の実体は常に〈永遠のパワー〉とつながっています。したがって、私の人生の救世主は自分の中にいるのです。私は自分を受け入れ、今のままの自分で充分価値のある存在であることを知るにつれ、私は自分自身の愛とつながり、その愛が持つ癒しのパワーに身を委ねられるのです。〈宇宙〉の愛は私を包み込むと同時に、私の中にも存在します。私はこの愛を受け取る価値があります。この愛は人生の隅々まで行き渡っています。どうぞ、あなたの支えとなる神の概念を見つけてください。

恨みを抱えて生きるのはやめます

私は手放し、許します

赤ちゃんは自分の感情を抑えることなく、怒りを表現します。しかし、大人に成長するにつれ、怒りを抑えることを覚えます。すると次第に怒りを溜め込むようになり、溜まった怒りはやがて恨みへ変わるのです。身体の中に根を張った恨みは、徐々に人の心を蝕《むしば》んでいきます。私も昔は、多くの人と同じように、独りよがりの恨みを募らせ、

Resentment

恨み

恨みの牢屋につながれたまま生きていました。あんなひどいことをされたのだから、怒って当然だ――。当時の私はそう考えていたのです。しかし、憎しみや恨みを持ち続けていると、ひどい仕打ちを受けたとき以上に自分が傷つくことになるのです。そのことに気付いたのは、ずっと後のことでした。相手を許すことを拒んだことで傷ついたのは、相手ではなく、私自身だったのです。当時の私は完全に心を閉ざし、人を愛することができませんでした。しかし、許すということは、相手のネガティブな行為を容赦するということではなく、相手に対する恨みを手放して、自分が自由の身になることを意味する、ということを私は学びました。憎しみや恨みを手放した瞬間、心の扉が開いて心が軽くなり、私は牢屋から解放されたのです。私は許し、手放し、自由になります。

私には自分の人生に責任を持って生きていくパワーがあります

私は自分の人生に責任を持ちます

「自分の人生に責任を持つべきだ」という言葉を初めて聞くと、何となく責められているように感じることがあります。責められていると思うと、罪悪感を感じたり、自分の考え方は間違っているのではないかという気になるものです。しかし、実際は責められているわけで

Responsibility

責任

もなんでもないのです。人生の責任は自分にあることを理解すること――それは、高価な贈り物を貰うのと同じくらい価値あることなのです。なぜなら、それは他人や環境に流されず、自らの意思で人生を切り拓くパワーがあることに気付くことだからです。人生を創造するパワーは、人生を軌道修正するために用いることもできます。自分のパワーを発揮すれば、「今の環境を変えたいが、自分ではどうすることもできない」という無力感を感じていた段階から、ポジティブな方法で人生を創造していく段階へステップアップできるのです。このような前向きな、生産的な思考ができるようになると、自分の中にパワーがより漲《みなぎ》ってきます。そのパワーを用いれば、人生の出来事を前向きに捉え、軌道修正しながら、人生の質を向上させることができるのです。

愛は私の世界を動かします

私の愛はパワフルです

私はとても愛されている人として自分と接します。人生には色々なことが起こり、通り過ぎていきます。しかし、その間も自分を愛する気持ちが揺らぐことはありません。こう言うと、虚栄心や自惚れが強い人間だと思われるかもしれませんが、自己愛は、虚栄心や自惚れとは全く別物です。虚栄心や自惚れが強い人は、「見栄を張っている」ことによって隠されている自己嫌悪をたくさん持っています。自己愛というのは、自分が今ここに〈存在〉している奇跡に感謝することです。心の底から自分を愛していれば、自分や他人を傷つけることはできないはずです。私にとって、世界平和の鍵は無条件の愛です。無条件の愛を育む第一歩は、自己受容と自己愛です。私は以前、自分を愛するためには、自分が完璧な人間でなければならないと考えていました。しかし今は違います。私は今ここにいる、ありのままの自分を受け入れています。

私は自分自身の考えを大切にしています

自分との内なる対話は優しさと愛に満ちています

私にはこの地球上で自分にしか果たせない役割があります。そのためのツールも揃っています。自分が考えている思考と自分が話す言葉は驚くほどパワフルなツールです。私はそのツールを使うことで、自分の身に起こることを楽しんでいます！　朝に行う瞑想、祈り、そして10分間のアファメーションは素晴らしいです。朝だけでなく、一日中やっていると、なおさら良い結果が得られます。私が常に心の片隅に置いていること――それは、一瞬一瞬の思考が次の現実を作るということです。言い換えれば、日々の思考の積み重ねが私の人生を形づくっているのです。「どう変わりたいのか」、それを現実化するパワーは、今・ここにあります。私は毎日、ほんの少し時間を取って、今この瞬間に自分が何を考えているのかを俯瞰することにしています。そして、「今考えた通りの未来を本当に望んでいるのか？」と自分に確かめることにしています。

私は、肉体的、性的、精神的、霊的に
充実しています

私は自分のセクシュアリティと
調和しています

私たちは転生する前に、次の人生のシナリオを決め、それに沿って、国籍、肌の色、セクシュアリティ（身体の性・心の性・性的指向）を選び、課題を果たすに相応しい完璧な両親の下に生まれてくる――少なくとも私はそう信じています。私は生まれ変わる度に、前世とは

Sexuality
セクシュアリティ

異なるセクシュアリティを選んでいるような気がします。過去世で男性だったこともあれば、女性だったこともあります。異性愛者だったこともあれば、同性愛者だったこともあります。どの性別、性的指向にも特有の満足感と苦労があります。時代によって、自分のセクシュアリティが社会に受け入れられることもあれば、拒絶されることもあります。しかし、幸いなことに、過去世から今に至るまで、私は完璧な、宇宙と調和した、完全な存在であり続けています。魂にはセクシュアリティはありません。セクシュアリティは私の人格の一部です。私は性器を含めて自分の身体のすべての部分を慈しみ、大切にしています。

霊的成長の準備が整ったら、私たちは不思議な形で、成長を実感し始めるのです

私は喜んで変化します

私は不思議な形で霊的成長を体験することがよくあります。それは、偶然の出会いであったり、事故や病気、大切な人の死がきっかけとなることもあります。霊的成長の時期が訪れたときは、内なる声

に急《せ》き立てられる感じがしたり、これまでの生き方を継続することを余儀なく阻止されるようなことが起こるのです。どのようなときに霊的成長を感じるかは、人によって微妙に異なります。私の場合は、自分の人生に責任を持つと決めたときです。いったん決意すると、力が湧いてきます。その力は色々な面で自分を変えるために必要な力なのです。霊的成長は人を変える力を持つこととは無関係です。霊的成長は、被害者意識から抜け出して、相手を許し、新たな人生を歩む準備ができた人に訪れます。かといって、一夜にして成長するわけではありません。霊的成長はいくつかの段階を踏むプロセスなのです。自分を愛することで成長への扉が開かれます。そして、変化を受け入れることが成長を助けるのです。

霊的法則を自分の都合の良いように解釈して、
その古い考えに固執し続けることはできません
新しい言語を学び、それに従って生きれば、
まるで「魔法」がかかったように、
あなたの人生に素晴らしい出来事が
起こるのです

〈エネルギーの法則〉が常に働いています

私はこの世で最高の保険に入っているので、安心して暮らすことがで

きます。その保険とは、永遠の法則〈霊的法則〉の知識と、その法則を人生のあらゆる領域で実践するための愛——の2点です。〈霊的法則〉を学ぶことはパソコンの操作を学ぶことに似ています。操作方法を一つずつ順番に丁寧に学んでいけば、魔法のよう快適に動いてくれます。逆に、予備知識がないまま、コンピューター言語を無視して適当に操作すると、何の反応もないか、あったとしても、思い通りに動いてくれません。コンピューターの辞書に「妥協」の文字はありません。私がイライラするのを横目に、私が手順通りに操作できるようになるまで我慢強く待ち続けるのです。そして、やっと正しく操作できるようになったとき、初めて魔法のようにうまくいきます。パソコンを自由自在に操るには練習・実践が必要なのです。〈霊的法則〉を学ぶ際にも同じことが言えます。

私は意識して自分の潜在意識とつながります

私は愛のメッセージで潜在意識をプログラミングします

私の潜在意識は情報の倉庫です。私が考えたことや口にした言葉を全部記録し、保管しているのです。潜在意識にネガティブな情報をインプットすると、その通りのことが起こります。逆にポジティブな情報をインプットすると、その通りポジティブなことが起こります。だから、私は意識してポジティブな、愛のこもった、元気の出るメッセージを潜在意識に送り続けています。そうすることによって、有益な経験を生み出すことができるのです。これからは、自分を制限するような考え方、アイデア、信念をすべて手放します。そして、新しい信念——人生に最高の幸せ、豊かさ、喜びを引き寄せるような考え方——を潜在意識にプログラミングし直します。

成功するためには、自分を失敗者であると考えるのではなく、成功者だと信じることです

私はすべて成功だと思っています

小さなドングリの中には将来大きな樫の木に成長する種が含まれているように、私の中にも将来大きな成功を収める要素が詰まっています。私はまず自分の現在位置から見て、達成可能な目標を設定し

ます。そして、目標に向けて、少しでも進歩したときは自分を褒めます。どんな経験からも学ぶことはありますます。すべて学びですので、失敗しても問題ありません。その経験を糧にして一歩ずつ着実に進む――そのことだけを心掛けて、私は成功を積み重ねてきました。そして、日々、失敗を恐れず失敗から学ぶ姿勢が身に付いたように思います。昔の私なら、失敗しそうになったら、すぐに逃げ出していました。しかし、今では教訓を学ぶ良い機会と捉えるようになりました。私は失敗しても、力を落とすことはありません。この〈全宇宙〉を支配しているのは〈一つのパワー〉だけです。しかもこの〈パワー〉の為すことは100%成功します。この〈パワー〉は私の創造主です。だから、私はすでに立派な成功者なのです。

私はリラックスして生きています
常に私は〈人生〉にサポート
されていることがわかっているからです

私は〈人生〉にサポートされています

私はこの〈宇宙〉で、寂しさを感じたり、見捨てられたと感じたことは一度もありません。なぜなら、〈人生〉が昼夜を問わず、全力で私をサポートしてくれるからです。〈人生〉は私が充実した毎日を送るために必要なものを全部用意してくれます。例えば、地球の空気。私が人生最期の日まで吸い続けてもなくなることはないでしょう。食べ物も豊富にあります。交流できる人々も何百万人もいます。私は、可能な限りサポートを受けているのです。経験は思考から生まれます。人生は、いつも、私に「イエス」と言ってくれます。私のやるべきことは、〈人生〉が与えてくれる豊かさとサポートを歓喜と感謝の心で受け取ること――ただそれだけです。私は、今、自分の幸福を妨げるような思考パターンや信念を意識から手放します。私は〈人生〉そのものに愛され、サポートされているのです。

担当医は、
私の回復の早さを喜んでいます

私は安心して
病気を治すことができます

医師や医療の専門家の助けが必要なときは、私は癒しの手を持ち、いつもポジティブで、心に愛がある人を選びます。治療法に関して自分の希望を尊重してもらえると、自分も医療チームの一員であることを実感します。私は、自分自身の中に本当の癒しのパワーがあることを知っています。そのパワーは私を完治に導いてくれると信じています。だから、完全に治るまでは、心を穏やかにして、人生の楽しい出来事に意識を向け、愛と思いやりの雰囲気を身に纏《まと》うようにしています。〈宇宙〉の智慧は医学の専門家を通して作用することを知っています。だから、治療期間中はリラックスして、〈宇宙〉が与えてくれる優しさと愛情をありがたく受け取ります。私の身体に触れるすべての手は、癒しに導いてくれる手なのです。

考え方に気を付けることで、私はいつも安心・安全でいることができます

私は人生の素晴らしい出来事に意識を集中させます

私がこの地球で安心・安全に暮らすことができるのは、善意に満ちた無限の〈宇宙〉といつもつながっているからです。

Terrors
恐怖

昔は夜になると、よく暗闇の中から得体の知れない音が聞こえてきて、怖い思いをしたものです。大人になってからも、時々自分の心の闇に、怖い考えが浮かぶことがありました。子どもの頃の怖い記憶がよみがえってくるのです。事故に遭った場面を想像して身がすくむこともよくありました。しかし、今ではそうした怖い記憶を手放して、良いことが起きている場面を想像できるようになりました。私はポジティブで有意義なイメージ（記憶）を選んで、それをいつでも鮮明に思い出せるようにしています。怖い考えが頭をよぎったとき、それを追い払うためです。私は自分の考えを自分でコントロールできます。怖い考えに呑み込まれそうになっても、自分の意思で拒否することができます。何か問題が起きたときは、私は〈宇宙の愛〉に助けを求め、解決を図ります。私は〈宇宙の愛〉に守られています。すべてはうまくいっています。

聖書には「隣人を自分のように愛しなさい」とありますが、
「自分のように」という部分を、
私たちはともすると忘れがちです

私は、自分をもっと愛し、
人をもっと思いやることができます

今は個人が大きな影響力を持つ時代で、今、人類は分岐点に立っています。このまま滅亡の道をたどるか、それとも地球を癒す道を選ぶのか、その分かれ目にいるのです。そして、それは、他人事ではなく、私たち個々人次第なのです。毎朝、起き抜けに私は〈宇宙〉にこう語りかけます。「地球を癒すために、どうか私に力を貸してください。今日一日、私は自分をもっと愛します。先入観で人を判断したり批判しないように気を付けます。愛を広めます。もっと思いやりを持って人に接します」。どんなに小さなことでも、私にできることはたくさんあります。例えば、高速道路で他の車に道を譲る、スーパーの混雑したレジでイライラせずに順番を待つ、思いやりのある政治家に手紙を送る、クライアントに請求書を送るときユーモラスな漫画の切り抜きを添える、貧困・飢餓・紛争などで苦しむ人々に愛を送る……。〈宇宙の真理〉の中では私たちはひとつです。だから、他人と競い合ったり、比べたり、人を判断することを乗り越えることができるのです。大切なのは、慈悲の気持ちを持つこと。慈悲のこころこそ、至高の愛の形のひとつなのです。私も含め、すべての人は愛される価値があるのです。

人生というタペストリーを編むのは私の思考です

私の思考は私の親友です

昔は自分の思考が怖いと感じることがよくありました。というのは、自分の思考が原因で、不安になったり、嫌な気持ちになることがあったからです。その頃は、自分の思考をコントロールするのは無理だと思っていたのです。しかし、それからしばらく経って、あることに気付いたのです。それは、経験は思考から生まれ、思考は自分で選択できるということです。自分の思考をうまくコントロールして、自分が望む方向にそっと導くことができるようになると、人生が良い方向に向かい始めたのです。今では、私は自分の思考を選択することができます。ネガティブな考えが不意に浮かんだときは、夏の空に現れた一片の雲のように、静かに通り過ぎさせてあげます。恨み、羞恥心、罪悪感を感じたら手放します。そして、愛と平和、喜びに満ちた思考を選び、この地球を癒すために自分に何ができるのかを考えます。今では私の思考は私の友達です。

私は決して時間に追われません
なぜなら私には
充分な時間があるからです

私には、時間が充分あります

時間の感じ方は人それぞれ違います。焦っているときは、時間が過ぎるのが早く感じられ、時間が足りないと感じることが多いです。逆に、やりたいことをする時間は充分あると考えれば、時間の流れがゆっくり感じられ、やり始めたことを余裕を持って終わらせることができるのです。私は交通渋滞に巻き込まれたとき、イライラしそうになったらすぐに頭を切り替えて、「私だけでなく、他のドライバーもみんな、目的地にできるだけ早く着こうと最善をつくしている」と考えるようにしています。それから深呼吸して、周りのドライバーに愛を送り、そして自分自身にこう断言します。「私は完璧なタイミングで目的地に着きます。」すべての出来事は完璧なタイミングで起こります。そこに気付けば、慌てたり、遅れることはありません。私たちはベストのタイミングでその場所に居合わせているのです。すべてはうまくいっています。

私たちは素晴らしい時代の転換期に生きています
私は人生の一瞬一瞬を楽しんでいます

私には、変化する意思があります

私たちは時代の転換期を生きています。これからは古い考え方を捨て、新しい考え方を学ぶ時代です。孤独感、怒り、孤立感、恐れ、苦悩——これらは昔からある不安障害の一部です。これこそが、私たち

Transition

過渡期

が変えたいものです。

これから必要なのは、恐れから愛にシフトさせることです。*魚座の時代は、何か問題が起きたとき、その解決策を自分の外側に求めました。それ故、人に頼ったり、助けを求めることが多かったのです。

しかし、今、私たちは*水瓶座の時代となり、この時代は、私たちは自分の内側に答えを求めるようになり、人に頼らなくても自分で自分を救う力があることに気付き始めるのです。この気付きは私たちにこの上ない解放感をもたらしてくれます。

その一方で、生きていくのが怖いと感じる人が出てくるかもしれません。なぜなら、*水瓶座の時代は、自立と自己責任が問われる時代だからです。しかし、私たちには時代の変化に翻弄されることなく、自分の手で幸せな未来を選び取る力があります。私たち自身の中に、人生にポジティブな変化を起こす計り知れない力があるのです。

*時代については執筆当時のもの。

旅行するときは、
愛と一緒に出かけましょう
愛はどこにでも行くことができます
だから、あなたがどこに行こうと、
行く先々で
愛があなたを迎えてくれるのです

旅行の時は、私はいつも穏やかで
平和な気持ちで旅を楽しみます

Transportation
交通手段

私は一日に何度か、自分の身体の緊張具合をチェックします。緊張しているなと感じたときは、どこにいようと、静かに座って深呼吸し、緊張をほぐすようにしています。私は人生の流れに沿って生きています。自分の探求と活動が、私に色々な経験をさせてくれています。すべてはうまくいっています。私が利用する交通手段は安全なものばかりです。例えば、飛行機、電車、バス、車、トラック、ボート、そり、スケートボード、そして自転車。どれも安全です。旅行に出かけるときは、安全・安心な旅であることを確認し、精神面の準備を万全にしておきます。それから、バッグなどの手荷物はすぐに手の届くところに置いておきます。そうすることで、きちんと旅支度が整っていることが確認できるからです。準備が整ったら、喜んで、目的地へ向かって出かけます。

私たちは、次も呼吸があると信じています
同じように、次のことがあると
信じることから始めましょう

私は自分を信頼しています

この世界はひとつの芸術作品です。そして私自身もひとつの芸術作品です。日々進化し続けている創造に、私はポジティブな貢献をしたいと考えています。そのために必要なのが、人生のプロセスを信頼す

Trust
信頼

ることです。

困難な状況に直面したときは、私は自分を信頼して自身の内面と向き合います。そして、自分の思考を〈真理〉と愛につなぎとめておくのです。嵐の日も晴れの日も、人生という大海原を安全に航海していけるよう、〈宇宙〉の導きを求めます。私の本分は、過去でも未来でもなく今この瞬間を生きること、そして、簡潔明瞭でポジティブな思考と言葉を選ぶことです。

すべてに対して理由を見つける必要もないし、見つからないかもしれません。しかし、私は確信しています。それは、私は、すべてを信頼する美しい魂としてこの世に生まれてきたということです。私は目に見えない、不思議な人生のプロセス、そしてその一部である今この瞬間を宝物のように大切にしています。

丸一日、ありのままの自分を
完全に受け入れてみて、どんなことが
起きるか確かめてみてください

私が与えた愛は返ってきます

どんな欠点があっても、どんな恥ずかしい部分があっても、私は今ここにいるありのままの自分を愛して、受け入れています。

それができるようになったら、他人もありのまま受け入れられるようになりました。自分自身や他人に対する愛に条件を設けると、自由に愛することができません。「何々してくれたら、あなたを愛します」は本当の愛でありません。相手をコントロールしているだけです。だから、私は他人をコントロールする必要性を手放し、ありのままの自分でいる自由を他人にも認めるようにしています。誰もが人生でもがき苦しみ、心の平穏を保って生きようと努力し、今自分が持っている知識、判断力、認識から最善を尽くしています。無条件の愛に意識を向ける人がこれからもっと増えれば、私たちはこれまでとはレベルの違うスピリチュアルなパワーを活用できるようになるのです。近い将来、地球が慈悲という名の毛布に覆われ、私たちの意識が恐れから愛にシフトする様子が私にははっきり見えます。

物事に対する理解が
深まれば深まるほど
私の世界は広がっていきます

私は常に理解を深めています

私は人の教えに素直に耳を傾ける方だと思います。私は意識を、毎日少しずつ多く、自分の中にある〈神聖な智慧〉へと向けています。生きていることに喜びを感じ、幸運に感謝しています。私にとって

Understanding
理解

人生は教育の場です。子どものような純粋な心を開いていると、日々、新たな洞察や出会い、新鮮な視点の発見があり、そして、身の周りと自分自身の中で起きていることの新しい理解ができるようになります。

人間の心は何でも一回で理解できるとは限りません。理解するためには、愛と忍耐力が必要です。私は心の持ち方次第で、この〈惑星地球〉で経験する人生という名の素晴らしい学校で起こるどんな変化も、心地よく受け入れることができるのです。

唯一無二であるということは、
そもそも競争相手や
比較する相手がいないということです

私たちは皆、
唯一無二の存在です

魂の世界では、私たちは皆、ひとつです。しかし、この世には私と同じ顔の人はいません。なぜなら、私の顔は〈神〉の顔の異なる表現だ

Uniqueness
唯一無二

からです。だから、容姿も含めて、人間には個人差があって当然なのです。世の中には世間の目を気にしながら生きている人がたくさんいます。しかし、私は自分の心の声に従って生きています。だから、世間がどう思おうと気にならないのです。私は分相応で身の丈にあった人生を送っています。自分の価値を証明する必要もありません。私は、〈神聖で荘厳な生命の表出〉として、自分を大切にし、愛することを選びます。ありのままの自分を生きることは、最高にワクワクする冒険です！　私は、自分の内なる星に従って進み、私にしかない輝きを放ちます。私は人生を愛しています！

愛は常に暴力を溶かします

私は愛の力を信じます

愛は暴力よりももっと深いところにあります。心に愛のない人間なんて、この地球上のどこを探しても見つからないでしょう。この地球上のどこに暴力が起ころうとも、必ず暴力の背後にある「愛を求める叫び」に耳を傾けることです。

暴力事件のニュースを聞くと私には、いつも声にならない叫びが聞こえます。私には「心」というツールがあります。そのツールには物凄いパワーがあります。これを使えば、ネガティブ思考の束縛から解放され、ポジティブな可能性に目を向けることができます。しかし残念ながら、大半の人は自分の「心」というツールを使って、創造的に物事を考える方法を教わってこなかったのです。その結果、子どもの頃に教わった信念に沿って生きている人が多いのです。信念にはパワフルな影響力があります。戦争で人を殺すのは、当事者が自らの信念を正当化し、守るためです。しかし、信念は単なる思考に過ぎません。思考は変えることができるのです。私は自分を愛しています。だから、残酷な考え、厳しい批判、辛辣な意見で、自分自身や人の尊厳を踏みにじるようなことはしません。

私は言葉の力に目覚めました

私は自分の心の動きと言葉を尊重しています

私は言葉遣いに気を付け、どんなときでも、言葉は慎重に選ぶようにしています。何故なら、私は素晴らしい経験を創りたいからです。子どもの頃、国語の時間には文法に則って言葉を選ぶよう教わりました。しかし、大人になって気付いたのは、文法のルールは時代と共に変化するということです。かつては不適切な用法とされていたことが、いつの間にか適切な用法とみなされるようになったり、あるいはその逆のケースもあります。おまけに、文法は言葉の意味やその言葉が私の人生にどう影響するかなどは一切考慮しません。しかし現実には、陶芸家が粘土からお椀や花瓶、お皿やティーポットを創作するように、自分の思考や言葉が、人生を創作しているのです。自分が考えたこと、口にした言葉――それが私自身です。私は美しくて聡明です。私は愛情に溢れて親切です。この世界では自分の言葉は尊重されるものなのです。

私は健全な自尊心を持っています

私はできる！

愛と受容の心で自分自身を支援していくと、ますます自尊心が高まっていきます。自尊心が高まると気分が良くなり、前向きな気持ちになります。実際、気分が良いと、いろいろ、良いことが起きはじめます。以前には見えなかった新しい機会が見え始めます。人生が私を新たな興味深い方向へ導いてくれるような気がしてきます。自分が可能だと思っていた以上のことを考えられるようになります。自分が、様々な可能性に値する人だと本当に信じられるようになると、急に人生がワクワクし始めます。私には自分が望む人生を送る権利があります。そのためには、ある部分で自分が変わる必要があるかもしれません。古い考えを捨て、自分で決めた制限を取り払う必要も出てくるでしょう。

私はできます！　絶対に！　私には価値があります。私は、すべての善を受け取ることに値しています。

私はどんな経験を通してでも、
自分を愛しています
そして、すべてはうまくいっています！

私は自分の価値を認めます

私は随分前から、心のワークを通じて自分の内面と向き合ってきました。もちろん、まだまだやり足りない部分はあります。でも自分と丁寧に向き合う中で学んだことがあります。それは、何かにつけ

Wrong
間違い

て「自分は間違っている」と考えている間は、癒されないということです。だから、私は間違ったときは、状況を良く調べて、次回、どうすればうまく行くかを考えます。自分自身が違和感を覚えるような行動を取っていることに気付いたときは、そのもとになった考え方を見つけてすぐに手放します。「悪いのは自分」「自分が間違っている」と自分を責めるような考えが頭をよぎったときは、即、そういう考え方をやめます。毎日が学びの連続です。「間違う」ことで、もっと良い方法を学ぶようになります。だから、人生に間違うということはないのです。学んでいるだけなのです。とても単純な話なのです。だから、安易に人を罰するような考え方はすべて手放します。私は自分を愛しています。だから、過去にどこかで自分が演じてきたかもしれない被害者や加害者としての役割は今後一切引き受けません。私は自分も他人も許します。

あとがき

いかがでしたでしょうか？

ルイーズ・ヘイの言葉の数々については、自分の心に響いたところや、好きだと感じたところを選んで読んでいただければと思います。きっと皆様の人生の様々な局面で勇気と癒しをもたらしてくれることでしょう。


私は、ルイーズ・ヘイの「私はありのままの自分を愛し、受け入れます」(I love and accept myself exactly as I am）という言葉が好きです。

自分を誰かと比較して、自分は全然ダメだ、人より劣ると思うと心が萎んで劣等感が湧いてしまい、思うように能力が発揮できなくなってしまいます。

ありのままの自分を受けいれ自分を好きになることで、何故かやる気が出て人生そのものを好転させてくれるのです。

私は大学4年生のころ進路に悩んでいた時期がありました。生化学の研究者になるという目標をもってその大学に進学したのですが、入学した後に心理学や精神的なことに興味が湧いてきてそちらの方が面白くなり、その方面のサークルに入って活動したり、関連する本を読み漁ったりしていました。思い切って進路を変えるべきか……とも考えました。しかしもう大学も4年生になっていました。別の大学へ入学しなおして、早くに父を失った母親に経済的な負担をかけることもできない……と悩み、卒業研究にも全く身を入れることができずにいました。

そんなある時、研究室の先生が大学院のある先輩の発表を前にしてその先輩に言った言葉が私の人生の見方を、いや私の人生を全く変えてしまったのです。その大学院の先輩は、自分の研究というより他人の研究の話しばかりを発表していました。そんな先輩に対して先生は、「他人の芝生は青く見える。自分の芝生を青くしなさい！」と「喝」の言葉を厳しく発したのです。

「他人のものはよく見える。他人の研究は他人のものでしかない。あなたはあなた自身の研究に専念し自分の研究をよくしなさい」という意味の「喝」でした。その言葉は私に向けて発せられたかの様に心に響きました。今でも、この言葉を思い出すとその時の情景まで思い出され、涙が湧いてくるほど私にとっては目覚めの一撃でした。その一撃で、「自分の今持っているもの、やっていることを一所懸命やろう、そして自分が興味をもっている心理学系の学びも大事にして続けよう」と決心したのです。

そのとき以来、私は迷うことなく研究に没頭したのです。ありのままの自分と状況を受容し、受け入れた時から人生が回り始めたのです。不思議なもので、その時から長い年月がたった現在、生命科学や脳科学の進歩で精神的なものと科学とが統合されて理解されるようになってきました。

前者を専門分野として研究と教育に励み、後者も学び続けてきた私ですが、今ではそれが自身の強みとなり、両方の視点から、本著を含むいくつかの本の執筆や、コーチング関連の講座なども開催させてもらえる様になっています。

振り返ると、大学4年生の時のエピソードは、私の人生が好転するキッカケとなりました。ありのままの自分、状況を受け入れた時、エネルギーが「今・ここ」に流れ、人生が大きく展開し始めたのです。

まさに、ルイーズ・ヘイの言葉「私はありのままの自分を愛し、受け入れます」と重なる私自身の体験でした。ある言葉がモノの見方を変え、それによって行動が変わり、人生を変えるのです。

2017年にルイーズ・ヘイが亡くなられたことを知り、どうしても翻訳して日本に紹介したいという思いでガイアブックスの吉田初音さんにお願いしたところ、現在日本では、ルイーズ・ヘイの著書はたくさんの翻訳されているし、アファメーションは日本人にはなじまないのでは、と躊躇されました。

しかしその後、私の専門の脳科学の見地から彼女の言葉が有効であると解説した章を追加できるなら出版してもいいということになり、この度ようやくこのような形で発刊にいたりました。ガイアブックスの吉田さんに心より感謝申し上げます。

不遇の育ちであったルイーズ・ヘイの人生は、ありのままの自分を受け入れた彼女自身の言葉の力を通して、感謝に満ちた豊かな人生に変容していきました。

現在、誰かや何かと比較をしたり、環境や状況の「せい」にして、自分の人生を「あきらめモード」で過ごしている方、あるいは苦しみの渦中にいる方にとって、この本の言葉が「癒し」となり、「勇気づけ」となり、人生を好転させることができれば幸いに思います。

駒野　宏人

著者プロフィール

ルイーズ・ヘイ(Louise Hay)

ルイーズ・ヘイ(1926.10.8〜2017.8.30)は、1976年自身の経験と自己啓発メソッドをまとめた処女作「Heal Your body」を自費出版し、これが大きな反響を呼ぶ。その後も世界中で5000万部以上発行されているベストセラー「You Can Heal Your Life」、「The Power is Within You」など数々のベストセラーを世に送り出し、世界的な自己啓発の権威として、講演活動を通して多くの人々に影響を与えた。出版社Hay Houseの創立者でもある。現代の自己啓発運動の立役者の一人として知られている。ポジティブな変化をもたらすアファメーションの力を実証したことで有名。書籍のほかにも、健康で楽しく充実した人生を送るためのオーディオCDやビデオプログラム、カードデッキ、オンラインコースなどを数多く手がけた。1980年代後半、エイズが蔓延し始めると、偏見や差別と闘いながらエイズ患者へのサポート活動にも積極的に取り組んだ。

駒野 宏人(こまの ひろと)

薬学博士。ブレインフィットネスコーチング主宰。一般社団法人「人生100年生き方塾」代表理事。米国認定CTIプロコーチ・米国NLP協会認定NLPトレーナー。認定NPO法人日本ヨガ連盟理事長。東京大学薬学部卒業後、同大学助手、米国スタンフォード大学・ミシガン大学医学部研究員、国立長寿医療研究センター室長、岩手医科大学薬学部神経科学分野教授、北海道大学大学院薬学研究院認知症先進予防・解析学分野客員教授を歴任。専門の健康科学や脳科学の研究・教育活動以外に、生きがいや意欲を引き出すコーチングやヨガ・瞑想指導も行っている。著書に『「生きるスキル」に役立つ脳科学』(セルバ出版)『脳科学から紐解く般若心経』(セルバ出版)。監修書に『ケリー・マクゴニガルの痛みを癒すヨーガ』(ガイアブックス)。CDに『目醒め「体の中にクスリをつくる」』監修(音楽 饗場公三)『ONENESS』(音楽 饗場公三、クリスタルボウル 駒野宏人)(いずれも清音ミュージック)

関連団体

ブレインフィットネスコーチング

https://brainfitness-coaching.net/

脳機能を最適化することにより、健康と充実した人生の実現、地球環境の改善を支援します。プログラムやセミナーで脳機能の改善方法を学ぶことができます。

一般社団法人「人生100年生き方塾」

https://jinsei100.info/

若い世代から高齢者を対象に、健康で生きがいのある人生100年づくりの学びの場とし、持続可能な社会つくりにも貢献していくことを目指しています。

「人生100年生き方塾×脳科学講座」
ライン公式アカウント

https://lin.ee/rneZQew

元気で輝く（ピンピンキラリ）人生のために役立つ情報をお届けします。

認定NPO法人日本ヨガ連盟

https://www.npo-yoga.com/

ヨガなどを通じて、すべての人に対し、病気の予防や体質改善など健康になるお手伝いと、ヨガの健全な普及を目指し、指導者の育成を行い、社会福祉に貢献する活動をしています。

MEDITATIONS TO HEAL YOUR LIFE
By Louise L. Hay
Copyright (c) 1994 by Louise L. Hay
Original English language publication 1994
by Hay House, Inc., California, USA

ご購入者様特典のご案内

脳内の幸せホルモンをより活性化させたいあなたに、
駒野宏人先生によるオリジナル動画をお届けします。
QRコードまたは下記URLよりお進みください！
https://www.gaiajapan.co.jp/news/campaign/8367/

著者：
ルイーズ・ヘイ (Louise Hay)
※略歴はp.263参照

監修・一部執筆：
駒野 宏人 (こまの ひろと)
※略歴はp.263参照

翻訳：
福山 良広 (ふくやま よしひろ)
関西大学法学部卒業。名古屋学院大学大学院外国語学研究科修了。訳書に、『ヴィスコンティ・スフォルツァ版 ザ・ゴールデンタロット』『ドリームズ オブ ガイア タロット』『世界の神話 女神のタロット』『ブルーエンジェル・オラクル』(いずれもガイアブックス) など多数。

Meditations to Heal Your Life

あなたが日々に発する言葉が人生を変える!

脳科学が証明するルイーズ・ヘイのアファメーションの驚くべき効果

発　　行　2025年5月1日
発 行 者　吉田　初音
発 行 所　株式会社**ガイアブックス**
〒107-0052 東京都港区赤坂1-1-16 細川ビル2F
TEL.03(3585)2214　FAX.03(3585)1090
https://www.gaiajapan.co.jp
印 刷 所　日本ハイコム株式会社

Copyright GAIABOOKS INC. JAPAN2025
ISBN978-4-86654-087-0 C0011

本書は細部まで著作権が保護されています。著作権法の定める範囲を超えた本書の利用は、出版社の同意がない限り、禁止されており違法です。特に、複写、翻訳、マイクロフィルム化、電子機器によるデータの取込み・加工などが該当します。

落丁本・乱丁本に関しては、下記URLよりお問い合わせ下さい。
https://www.gaiajapan.co.jp/news/info/7233/